KB158871

Linux 좋아요! 구독!

운영체제에 대한 이해도를 높이는

리눅스 시스템 명령 실습

하은용 지음

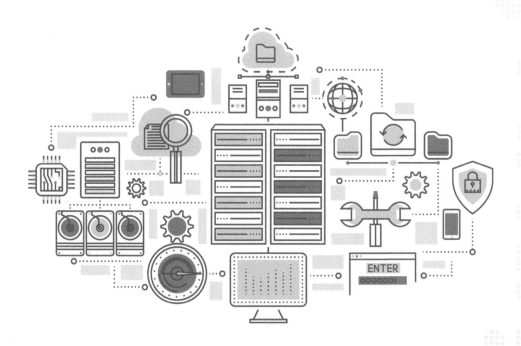

21세기사

PREFACE

초기에 배포된 리눅스(LINUX) 운영체제는 설치부터 어렵다는 느낌이 있었던 시절이 있었다. 하지만 현재 인터넷을 통해 다운로드할 수 있는 다양한 리눅스 배포판은 처음 사용자도 쉽게 설치할 수 있고, 많은 오픈 소스 소프트웨어들을 사용할 수 있게 제공되고 있다.

일반적으로 리눅스 배포판에 포함되는 오픈 소스 소프트웨어에는 그래픽 툴(GIMP 등), 음악 및 동영상 편집 툴, 오피스 소프트웨어(LibreOffice 등), 데이터베이스 시스템 (MariaDB 등), 웹서버(Apache Web Server 등), 파일서버, 메일서버, 도메인 서버, 게임, 문서 편집기, 프로그래밍 언어 컴파일러, 여러 유틸리티 등이 제공되고 있다. 대표적인 리눅스 배포판에는 레드햇 리눅스, 페도라(Fedora), 우분트(Ubuntu), 데비안(Debian), 민트(Mint) 등이 있다.

이 책은 리눅스 시스템을 공부할 때 필요한 핵심적인 명령에 대해 설명한다.

- 1장은 리눅스에 대한 개요, vi 편집기와 간단한 C 프로그램 실행에 대해 간단히 설명한다.

- 2장에서 7장은 리눅스 사용자 관리, 디렉터리 및 파일 관리, 패턴 및 파일 찾기, 매뉴얼 보기 명령에 대해 설명한다.

- 8장에서 12장은 사용자 정보검색, 프로세스 관리, 시스템 구성정보 검색, CPU/IO/메모리/디스크 사용 통계 모니터링 등에 대해 설명한다.

- 13장에서 18장은 파일 압축 및 보관, 소프트웨어 패키지 관리, 디스크 파티션 및 파일 시스템 관리, 입출력 리다이렉션 및 파이프 기능, 날짜와 시간 설정 관리, 시스템 도메인, 시스템 부팅관리 등에 대해 설명한다.

이 책을 통해 리눅스 시스템을 사용하고 관리하는 방법을 터득하고, 리눅스 시스템에 대한 CPU, 메모리, 디스크, 입출력 상태에 대한 모니터링을 통해서 운영체제의 기능 및 원리에 대한 이해도를 높이는데 도움이 되기를 바랍니다.

이 책이 나오기까지 함께한 가족에게 감사의 마음을 전하고, 항상 눈동자처럼 지켜주시는 우리 주 하나님께 감사와 영광을 올립니다.

2021년, 평범한 일상이 회복되기를 바라며

하 은 용

CONTENTS

CHAPTER 1

리눅스 역사부터
C 프로그램까지

1.1 리눅스 특징 및 역사

리눅스(Linux)는 컴퓨터 운영체제다. UNIX와 비슷한 운영체제이지만, UNIX의 장점을 포함하면서 새로운 여러 기능이 적용되어 현존하는 어느 운영체제보다도 강력하고 뛰어난 운영체제라고 볼 수 있다. UNIX에서 사용되는 대부분의 프로그램을 리눅스에서 실행할 수 있다. 개발 초기에 리눅스는 PC환경에서 사용할 수 있도록 만들어졌는데, 지금은 PC뿐만 아니라 여러 네트워크 장비, 스마트기기, 임베디드 시스템에서도 널리 사용되고 있다.

리눅스는 핀란드 헬싱키 대학의 컴퓨터공학과 대학원생인 리누즈 토발즈가 여러 UNIX 프로그래머들과 협력해서 개발한 운영체제이다. 리눅스의 근본은 유닉스 시스템 계열인 MINIX로부터 출발해서, 소스 코드가 공개된 상태로 배포되고 있다. 따라서 누구라도 리눅스의 개발에 참여할 수 있고 실제로 수많은 해커들이 리눅스 개발에 동참하게 되어 리눅스는 급속한 발전을 하게 되었다.

리눅스가 공용 라이센스의 상태로 배포되었기에, 리눅스의 모든 소스코드는 이용자에게 무료로 공개되어있는 상태이다.

리눅스는 다음과 같은 특징을 갖는다.

■ 오픈 소스의 운영체제(open source operating system)

리눅스는 누구나 제약 없이 자유롭게 사용할 수 있는 오픈 소스 운영체제다.

■ 다중 사용자 환경(multiuser system)

리눅스 시스템은 동시에 여러 명의 사용자가 작업하는 다중 사용자 환경을 지원한다. 즉, 시스템에 등록된 사용자 로그인 계정을 갖고서 로컬 터미널 또는 인터넷에 연결된 원격 터미널을 통해서 로그인해서 동일한 리눅스 시스템을 사용할 수 있다.

■ 다중 작업 환경(multitasking system)

리눅스는 동시에 여러 작업을 실행하는 다중 작업 시스템이다. 작업(task)이란 실행 중인 상태의 프로그램을 의미한다.

■ 높은 이식성

리눅스는 굉장히 이식성이 높다. 리눅스는 유닉스 표준인 POSIX에 따라 개발되었고, Intel 계열 CPU, ARM 계열 CPU, 매킨토시 PowerPC 등의 현존하는 대부분의 컴퓨터 구조에 쉽게 포팅할 수 있게 제작된 시스템이다.

1.1.1 UNIX 계열 운영체제 역사

다음 그림은 유닉스 계열의 운영체제의 역사를 보여주고 있다.

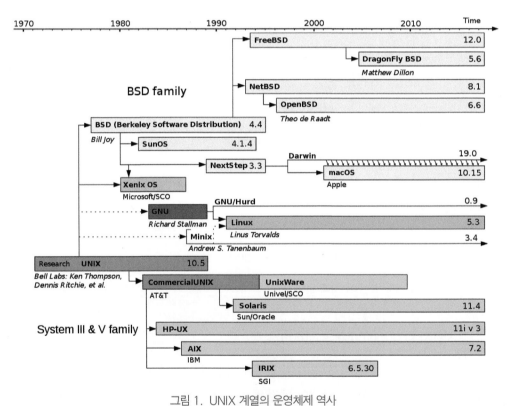

그림 1. UNIX 계열의 운영체제 역사

출처: 위키백과, https://en.wikipedia.org/wiki/Linux

리눅스의 경우 UNIX 로부터 출발해서 운영체제의 핵심인 커널을 계속 보완하고 개발해서 배포하고 있다. 리눅스 커널 공식 사이트(https://www.kernel.org/) 를 보면, 2020년 10월 17일 현재 안정화 버전 5.9.1 이 배포되고 있다. 리눅스 공식 마스코트는 펭귄이다.

그림 2. 리눅스 공식 마스코트 펭귄

1.2 vi 문서 편집기

먼저 프로그램 작성에 필요한 vi 문서 편집기에 대해 간단히 알아보자.

vi 문서 편집기는 리눅스에서 기본적으로 제공하는 문서 편집기다. 작업 터미널에서 vi 문서 편집기를 실행하려면 다음과 같이 명령을 실행한다.

```
$ vi 파일명
```

위 명령어를 입력하면, 하단에 편집할 파일이름과 새 파일을 편집한다는 메시지가 표시되고 오른쪽에는 행과 줄번호가 표시된다.

vi 편집기는 기본적으로 **명령모드**로 시작된다. vi 편집기에는 **명령모드, 입력모드, 콜론 모드**가 있다. 명령모드에서 'i'(insert)키 또는 'o'(open)키와 같은 입력모드 관련 키를 누르면 입력모드로 전환된다. 입력모드에서 'ESC'키를 누르면 명령모드로 돌아온다. 명령모드에서 ':'(콜론)을 입력하면 콜론모드로 전환된다.

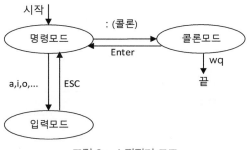

그림 3. vi 편집기 모드

vi 편집기를 실행하고 입력하기 위해서는 입력모드로 전환해야 한다. 초기 명령모드에서 'i'를 입력하면 'INSERT'가 하단에 표시되면서, 글자를 입력할 수 있는 입력모드로 바뀐다.

다음 표는 입력모드로 전환할 때 사용하는 명령에 대한 설명이다.

입력모드 명령

명령	설명
i (insert)	현재 커서의 위치에 글자를 삽입한다.
I	커서가 있는 줄의 맨 앞에 글자를 삽입한다.
a (append)	현재 커서 위치의 다음 칸에 글자를 추가한다.
A	커서가 있는 줄의 맨 뒤에 글자를 추가한다.
o (open)	현재의 줄 다음에 새로운 줄을 삽입한다.
O	현재의 줄 앞에 새로운 줄을 삽입한다.

다음 표는 명령모드에서 복사, 삭제, 붙이기 등의 작업을 할 때 사용하는 명령이다.

명령모드 명령

명령	설명
dd	커서가 있는 줄을 삭제
d+숫자+방향키	해당 방향으로 숫자만큼 문자 또는 줄 삭제
D	커서의 오른쪽을 삭제
yy	커서가 있는 줄을 복사 (Ctrl+C 기능과 유사)
y+숫자+방향키	해당 방향으로 숫자만큼 복사
p	커서의 아래쪽으로 붙여넣기(Ctrl+V 기능과 유사)
P	커서의 위쪽으로 붙여넣기
u	직전 작업 되돌리기(Undo)
.	직전 작업 다시실행(Redo)
0	현재 줄의 제일 처음으로 이동
$	현재 줄의 제일 끝으로 이동
/[문자열]	문자열을 찾기
h	커서를 한칸 왼쪽으로 이동
j	커서를 한줄 아래로 이동

명령	설명
k	커서를 한줄 위로 이동
l	커서를 한 칸 오른쪽으로 이동

명령모드에서 콜론 모드로 전환하려면 ':'을 입력한다. 다음 표는 콜론모드에서 사용하는 명령에 대한 설명이다.

콜론모드 명령

명령	설명
w	편집 중인 파일을 저장
w!	강제로 파일에 저장
q	종료하기. 저장이 되지 않으면 종료되지 않는다
x	저장하고 종료
wq	저장하고 종료
n	다중 편집에서 다음 파일을 본다
prev	다중 편집에서 이전 파일을 본다
w [파일명]	현재 편집 내용을 지정한 파일명으로 저장한다
r [파일명]	지정한 파일 내용을 현재 커서 위치로 읽어온다

1.3 간단한 C 프로그래밍

리눅스에서 C 프로그램을 컴파일할 때 gcc(GNU Complier Collection) 컴파일러를 사용한다. 먼저 시스템에 gcc 패키지의 설치여부는 다음 명령으로 확인할 수 있다.

```
$ rpm -qa | grep gcc
```

설치되어 있지 않은 경우에는 아래의 명령을 이용해서 설치한다.

```
$ sudo su -c 'dnf -y install gcc'
```

dnf 명령은 기존의 yum 명령을 대체하는 패키지 관리 도구다. dnf 명령은 레드햇 계열의 리눅스 시스템에서 rpm(RedHat Package Manager) 기반의 소프트웨어 자동 업데이터 작업을 수행한다. 즉, dnf 명령은 소프트웨어의 의존성을 파악해서 필요한 rpm 소프트웨어 패키지를 안전하게 설치, 업데이트, 업그레이드, 삭제하는 일련의 작업을 수행한다. 또 이미 설치된 패키지 또는 저장소에 설치 가능한 패키지에 관한 정보를 검색하는 기능도 제공한다. 소프트웨어 의존성에 따라 필요한 패키지를 수동으로 설치해야 하는 rpm 명령과는 다르게 dnf 명령은 자동으로 필요한 패키지를 설치하므로 패키지 관리 작업이 쉽다.

참고로 'sudo' 명령은 수퍼유저 'root'의 권한으로 인자로 주어진 작업을 실행시키는 일을 한다.

C 프로그램 컴파일러를 포함하는 gcc(GNU Compiler Collection: **http://gcc.gnu.org/**)가 설치되었는지 다음 명령으로 검사해보자. 참고로 최신 버전은 공식 사이트에서 확인할 수 있다.

```
$ rpm -qa | grep gcc
gcc-10.2.1-1.fc32.x86_64
gcc-c++-10.2.1-1.fc32.x86_64
libgcc-10.2.1-1.fc32.x86_64
gcc-gdb-plugin-10.2.1-1.fc32.x86_64
```

현재 시스템에 설치된 버전은 10.2.1 임을 알 수 있다.

이제 간단한 C 프로그램을 편집해서 컴파일하고 실행시켜보자. 다음과 같이 vi 명령을 실행해서 hello.c 프로그램을 작성해보자.

```
$ vi hello.c
```

처음 명령모드에서 **'i'** 키를 입력해서 다음과 같이 hello.c 파일을 편집하자.

■ 프로그램 : hello.c

```
#include <stdio.h>
int main()
```

```
{
    printf("Hello, Linux World!\n");
    return 0;
}
```

입력 후 [ESC] 를 누르고, '**:wq**'를 입력해서 파일을 저장한다.

이제 gcc 컴파일러로 hello.c 프로그램을 다음과 같이 컴파일하자.

```
$ gcc -Wall -o hello hello.c
```

-Wall 옵션은 컴파일시 모든 경고 메시지를 출력하라는 뜻이고, -o 옵션은 컴파일 결과 생성되는 실행 파일명을 옵션 뒤에 문자열로 생성하라는 뜻이다. 여기서는 hello라는 실행파일이 생성된다.

이제 생성된 실행파일을 다음과 같이 실행시킨다.

```
$ ./hello
Hello, Linux world!
```

아래 표는 gcc의 컴파일 옵션에 대해 간략히 설명하고 있다.

gcc 컴파일 옵션

옵션	설명
-E	전처리 과정의 결과를 화면에 보인다 (전처리단계)
-S	어셈블리언어 파일을 생성한다. (컴파일링 단계)
-c	오브젝트 파일을 생성한다. (어셈블링 단계)
-o 실행파일명	컴파일 결과 실행파일명을 지정한다. (링킹단계)
-v	컴파일 과정을 화면에 출력한다.
--save-tmps	컴파일 중에 생성되는 중간 파일을 저장한다.
-Wall	모든 경고 메시지를 출력한다.

CHAPTER 2

리눅스 사용자 관리

리눅스 시스템에 로그인하는 방법에는 1) 데스크톱 환경에서 사용자 로그인 ID와 암호를 입력해서 로그인할 수 있고, 2) 터미널 에뮬레이터를 이용해서 인터넷에 연결된 외부 컴퓨터에서 리눅스 시스템에 연결 접속한 후 로그인 ID와 암호를 입력해서 로그인하는 방법이 있다.

보통 원격에서 리눅스 서버에 로그인할 때는 터미널 에뮬레이터에서 ssh 명령으로 사용자 계정으로 로그인하고, 필요한 작업을 마치고 나올 때는 exit, logout 또는 ^D(Control+D) 명령을 사용해서 로그아웃해야 한다.

리눅스 시스템을 다운시킬 때는 shutdown 명령을 사용하거나 데스크톱 환경에서 시스템 종료 버튼을 클릭해서 정상적으로 정지시켜야 한다. 그냥 시스템을 끄거나 로그아웃하지 않고 작업을 끝내는 일은 없도록 주의해야한다.

2.1 사용자 계정 종류

리눅스 시스템에서 사용자는 관리자 계정과 일반 사용자 계정으로 나눌 수 있다.

관리자 계정이란 수퍼유저(super user)인 root의 권한을 갖는 사용자를 의미한다. 수퍼유저 root는 시스템 전체를 관리할 수 있는 권한을 갖고, 일반 사용자를 생성하기도 하고, 새로운 패키지를 설치하기도 하고, 시스템내의 모든 자원을 관리하는 특권을 갖는다.

일반 사용자 계정은 관리자인 root가 생성해 준 자신의 홈 디렉터리 내에서 리눅스 시스템을 사용한다.

모든 사용자는 사용자 ID(UID)와 그룹 ID(GID)를 갖고, 이 번호를 통해서 식별된다.

사용자 계정 관리란 일반적으로 root가 하는 작업이라고 생각하면 된다.

참고로 시스템에서 정의된 표준 사용자 ID와 그룹ID는 다음과 같다. 표준 사용자와 그룹에 대한 구체적인 것은 리눅스 관련 사이트에 있는 문서를 참조하기 바란다.

표준 사용자

로그인 id	UID	GID	홈 디렉터리	쉘(shell)
root	0	0	/root	/bin/bash
bin	1	1	/bin	
daemon	2	2	/sbin	
adm	3	4	/var/adm	
lp	4	7	/var/spool/lpd	
sync	5	0	/sbin	/bin/sync
shutdown	6	0	/sbin	/sbin/shutdown
halt	7	0	/sbin	/sbin/halt
mail	8	12	/var/spool/mail	
news	9	13	/var/spool/news	
uucp	10	14	/var/spool/uucp	
operator	11	0	/root	
games	12	100	/usr/games	
gopher	13	30	/usr/lib/gopher-data	
ftp	14	50	/var/ftp	
nobody	99	99	/	

표준 그룹

그룹명	GID	멤버
root	0	root
bin	1	root, bin, daemon
daemon	2	root, bin, daemon
sys	3	root, bin, adm
adm	4	root, adm, daemon
tty	5	
disk	6	root
lp	7	daemon, lp
mem	8	
kmen	9	
wheel	10	root

그룹명	GID	멤버
mail	12	mail
news	13	news
news	14	uucp
uucp	15	
games	20	
gopher	30	
dip	40	
ftp	50	
nobody	99	
users	100	

2.2 사용자 계정 생성(useradd)

```
NAME
     useradd -   Create a new user or update default new user information

SYNOPSIS
     useradd     [-c comment] [-d home_dir]
                 [-e expire_date] [-f inactive_time]
                 [-g initial_group] [-G group[,...]]
                 [-m [-k skeleton_dir] ¦ -M] [-p passwd]
                 [-s shell] [-u uid [ -o]] [-n] login_id


     useradd
     -D         [-g default_group]        [-b default_home]

                [-f default_inactive]     [-e default_expire_date]
                [-s default_shell]
```

사용자 계정을 생성하는 작업은 root 권한이 있어야 한다. 먼저 'sudo su – root' 명령을 실행해서 root로 로그인한다. 쉘 프롬프트(shell prompt) '#'는 root 사용자이고, '$' 는 일반 사용자다.

다음은 간단히 guest 계정을 만드는 과정을 보여준다.

```
$ sudo su - root
암호:
# useradd guest
# passwd guest
guest 사용자의 비밀 번호 변경 중
새  암호:
새  암호 재입력:
passwd: 모든 인증 토큰이 성공적으로 업데이트 되었습니다.
# exit
logout
$
```

useradd 명령을 실행한 후, 반드시 위와 같이 passwd 명령을 실행시켜 사용자 암호를 지정해 주어야 한다. 계정 생성 후에는 로그인 과정을 통해서 계정 생성 결과를 확인하도록 한다.

2.3 사용자 관련 파일의 구조

시스템에 등록된 사용자 계정 정보는 /etc/passwd와 /etc/shadow 파일에 저장되고, 그룹에 대한 정보는 /etc/group와 /etc/gshadow 파일에 저장된다.

■ passwd 파일 구조

다음은 등록된 사용자 계정의 정보를 일부분만 출력한 내용이다.

```
$ cat /etc/passwd
root:x:0:0:root:/root:/bin/bash
bin:x:1:1:bin:/bin:/sbin/nologin
daemon:x:2:2:daemon:/sbin:/sbin/nologin
...... 생략
eyha:x:1001:1001:Prof. Ha:/home/eyha:/bin/bash
```

```
guest:x:1002:1002::/home/guest:/bin/bash
$
```

/etc/passwd 파일에 저장된 각 행은 등록된 사용자에 대한 정보를 표현한다.

사용자 'eyha' 계정으로 사용자 정보의 구성 항목을 알아보자.

```
eyha:x:1001:1001:Prof. Ha:/home/eyha:/bin/bash
  ①  ②   ③    ④     ⑤          ⑥         ⑦
```

① 사용자명 : 로그인 할 때 사용하는 계정
② 암호 : 'x' 표시는 실제 암호가 /etc/shadow 파일에 저장되어 있음을 나타냄
③ UID : User ID, 사용자 ID
④ GID : Group ID, 그룹 ID
⑤ 계정 설명: 이름, 오피스, 연락처 등 정보 저장, 'chfn' 명령으로 정보 변경함
⑥ 홈 디렉터리 : 로그인 할 때 처음 위치하는 사용자 작업 디렉터리
⑦ 로그인 쉘 : 로그인 할 때 실행되는 쉘의 종류

'eyha' 계정은 사용자 ID가 1001이고, 그룹 ID가 1001이고, 계정 설명은 'Prof. Ha'이고, 홈 디렉터리는 /home/eyha 이고, 로그인 쉘은 /bin/bash 이다.

■ shadow 파일 구조

다음은 사용자 암호관련 정보가 저장된 /etc/shadow 파일의 일부만 출력한 결과다. /etc/shadow 파일은 root 관리자만 볼 수 있으므로 'sudo su – root' 명령으로 root 계정으로 전환한다.

```
$ sudo su – root
암호:
# cat /etc/shadow
root:암호화된 패스워드:16995:0:99999:7:::
bin:*:16229:0:99999:7:::
daemon:*:16229:0:99999:7:::
...... 생략
```

```
eyha:암호화된 패스워드:17309:0:99999:7:::
guest:암호화된 패스워드:17310:3:90:7:14:17896:
# date
2017. 05. 24. (수) 11:02:13 KST
# exit
$
```

/etc/shadow 파일에 암호 정보는 다음과 같은 항목으로 구성된다.

'guest' 계정으로 구성 항목을 알아보자.

guest:암호화된 패스워드:17310:3:90:7:14:17986:									
①	②		③	④	⑤	⑥ ⑦	⑧	⑨	

① LOGIN NAME : 사용자명, 로그인 할 때 사용하는 계정
② ENCRYPTED PASSWORD : 암호화된 패스워드
③ LAST PASSWORD CHANGE : 최근 암호 변경일, 1970년 1월 1일 기준 이후로 날짜수
④ MIN : 암호 변경 후 사용해야 하는 최소 기간, 보안 측면에서 보통 0 값을 갖음
⑤ MAX : 암호를 사용할 수 있는 최대 기간. 예, 90이면 암호를 90일 이전에 변경해야함
⑥ WARN : 암호가 만료되기 전에 사용자에게 경고를 시작하는 날짜수. 예, 7이면 암호가 만료되기
   7일전부터 로그인시 경고 메시지 보냄
⑦ INACTIVE : 암호가 만료된 후에도 지정한 날짜수 동안 로그인 가능함. 예, 14면 암호가 만료된
   이후 14일 동안 로그인 가능함
⑧ EXPIRE : 사용자 계정이 만료되는 날, 이 날짜로 계정으로 로그인 불가. 1970년 1월 1일 기준
   이후로 날짜수
⑨ RESERVED : 예약. 현재 사용하지 않음

다음 그림은 'guest' 계정의 /etc/shadow 항목을 설명한 것이다.

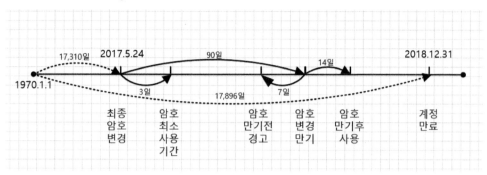

guest:암호화된 패스워드:17310:3:90:7:14:17986:

- 최종 암호변경 값 17,310은 1970년 1월 1일 기준으로 17,310일 경과한 날인 2017년 5월 24일에 암호를 변경했다는 것이고,

- 암호 최소사용기간 값 3은 암호를 적어도 3일간은 사용해야 한다는 것이고,

- 암호 변경만기 값 90은 현재 암호가 90일 동안 사용할 수 있으니, 90일 전에 다른 암호로 변경해야 된다는 것이고,

- 암호 만기전경고 값 7은 암호 만기일 7일 전부터 로그인시 암호를 변경하라는 경고 메시지를 보여준다는 것이고,

- 암호 만기후사용 값 14는 암호가 만기된 후 14일 동안은 변경되지 않은 암호로 로그인 가능하다는 의미로 14일 후에는 암호가 비활성화 된다는 의미다.

- 계정 만료 값 17,986은 1970년 1월 1일 기준으로 17,986일 경과한 날인 2018년 12월 31일에 사용자 로그인 계정이 만기가 되어서 사용할 수 없음을 의미한다.

/etc/shadow 정보를 변경하는 명령에는 'chage'와 'usermod' 가 있다. 이 명령들은 뒤에서 설명하기로 한다.

참고로 사용자 계정을 생성할 때 사용되는 디폴트 값들은 /etc/login.defs 파일에 정의되어 있다. 다음은 /etc/login.defs 파일의 일부분으로 /etc/shadow 파일에 저장되는 항목의 디폴트값이 저장되어 있음을 볼 수 있다.

```
$ cat /etc/login.defs
...... 생략
# Password aging controls:
#
#       PASS_MAX_DAYS   Maximum number of days a password may be used.
#       PASS_MIN_DAYS   Minimum number of days allowed between password
changes.
#       PASS_MIN_LEN    Minimum acceptable password length.
#       PASS_WARN_AGE   Number of days warning given before a password
expires.
#
PASS_MAX_DAYS   99999
PASS_MIN_DAYS   0
PASS_MIN_LEN    5
PASS_WARN_AGE   7

#
# Min/max values for automatic uid selection in useradd
#
UID_MIN                 1000
UID_MAX                 60000
# System accounts
SYS_UID_MIN             201
SYS_UID_MAX             999
...... 생략
$
```

2.4 사용자 정보 변경(usermod)

```
NAME
      usermod -   Modify a user account

SYNOPSIS
      usermod    [-c comment]      [-d home_dir [ -m]]
                 [-e expire_date]       [-f inactive_time]
                 [-g initial_group]      [-G group[,...]]
                 [-l login_name]     [-p passwd]
                 [-s shell] [-u uid [ -o]] [-L¦-U]           login
```

usermod 명령은 사용자 계정의 홈 디렉터리, 계정 만료 일자, 그룹 정보, 로그인 이름, 암호 등의 정보를 변경할 때 사용한다.

'guest' 계정을 이용해서 정보를 변경하는 과정을 알아보자.

정보 변경 전 'guest' 계정의 /etc/passwd 와 /etc/shadow 파일의 내용은 다음과 같다.

```
# tail /etc/passwd
....생략
guest:x:1002:1002::/home/guest:/bin/bash

# tail /etc/shadow
....생략
guest:$6$kOWg6j/s$mHA51LFbcs6Qv/Jf8gDBFktQTrC277dXjb53UtXWgJqVSlEeJGrh6bmi/a
IRGrkYOER2AFL/.A/aaqCCHB38D1:17310:3:90:7:14:17896:
#
```

❶ 계정 설명을 'Linux Guest'로 변경

```
# usermod -c "Linux Guest" guest
# tail /etc/passwd | grep guest
guest:x:1002:1002:Linux Guest:/home/guest:/bin/bash
#
```

/etc/passwd 파일의 계정 설명 항목을 -c 옵션으로 변경한다.

❷ 홈 디렉터리를 '/home/visitor'로 변경하고, 기존 홈 디렉터리의 내용을 모두 이동

```
# usermod -d /home/visitor -m  guest
# tail /etc/passwd | grep guest
guest:x:1002:1002:Linux Guest:/home/visitor:/bin/bash
# ls -a /home/visitor
.  ..  .bash_logout .bash_profile .bashrc  .mozilla
#
```

계정의 홈 디렉터리를 –d 옵션으로 변경하고, -m 옵션으로 모든 내용을 새 디렉터리로
이동시킨다.

❸ 로그인명을 'visitor'로 변경

```
# usermod -l visitor  guest
# tail /etc/passwd ¦ grep visitor
visitor:x:1002:1002:Linux Guest:/home/visitor:/bin/bash
#
```

계정의 로그인명을 –l 옵션으로 변경한다.

❹ 초기 그룹을 'student(1005)'로 변경

```
# groupadd student
# tail /etc/group ¦ grep student
student:x:1005:
# usermod -g student visitor
# tail /etc/passwd ¦ grep visitor
visitor:x:1002:1005:Linux Guest:/home/visitor:/bin/bash
#
```

groupadd 명령으로 새로운 'student'그룹을 생성하고, 계정의 초기그룹을 –g 옵션으로
변경한다.

❺ 그룹 'linuxclass(1006)'에 멤버로 가입

```
# groupadd linuxclass
# tail /etc/group ¦ grep linuxclass
linuxclass:x:1006:
# usermod -G linuxclass visitor
# tail /etc/group ¦ grep linuxclass
linuxclass:x:1006:visitor
# groups visitor
visitor : student linuxclass
#
```

groupadd 명령으로 새로운 'linuxclasst'그룹을 생성하고, -G 옵션으로 그룹에 추가 가입한다. groups 명령으로 visitor 사용자가 가입한 그룹 리스트를 확인한다.

❻ 초기 로그인 쉘을 '/bin/sh'로 변경

```
# chsh -l
/bin/sh
/bin/bash
...생략
# usermod -s /bin/sh visitor
# tail /etc/passwd | grep visitor
visitor:x:1002:1005:Linux Guest:/home/visitor:/bin/sh
#
```

'chsh -l' 명령으로 변경 가능한 쉘을 알아보고, -s 옵션으로 로그인 쉘을 /bin/sh로 변경한다.

❼ 계정의 만료 일자를 '2019-12-31'로 변경

```
# usermod -e 2019-12-31 visitor
# tail /etc/shadow | grep visitor
visitor:$6$kOWg6j/s$mHA51LFbcs6Qv/Jf8gDBFktQTrC277dXjb53UtXWgJqVSlEeJGrh6bmi
/aIRGrkYOER2AFL/.A/aaqCCHB38D1:17310:3:90:7:14:18261:
#
```

계정 만료일을 -e 옵션을 사용해서 현재 값인 '17896'(2018-12-31)에 365일을 더해서 '18261'(2019-12-31)로 변경한다.

❽ 암호의 INACTIVE 값을 7로 변경

```
# usermod -f 7 visitor
# tail /etc/shadow | grep visitor
visitor:$6$kOWg6j/s$mHA51LFbcs6Qv/Jf8gDBFktQTrC277dXjb53UtXWgJqVSlEeJGrh6bmi
/aIRGrkYOER2AFL/.A/aaqCCHB38D1:17310:3:90:7:7:18261:
#
```

암호 사용기간 만료 후 유예 사용 기간인 INACTIVE 값을 –f 옵션을 사용해서 14에서 7로 변경한다.

❾ 계정 암호를 사용하지 못하게 잠금하기

```
# usermod -L visitor
# tail /etc/shadow | grep visitor
visitor:!$6$kOWg6j/s$mHA51LFbcs6Qv/Jf8gDBFktQTrC277dXjb53UtXWgJqVSlEeJGrh6bm
i/aIRGrkYOER2AFL/.A/aaqCCHB38D1:17310:3:90:7:7:18261:
#
```

암호를 사용하지 못하도록 –L 옵션으로 잠금을 하면 /etc/shadow 파일에 암호화된 패스워드의 항목 값 앞에 '!' 가 삽입되어 있음을 알 수 있다. 이후 visitor 계정으로 로그인을 시도하면 'Access denied' 라는 메시지가 터미널에 표시된다.

❿ 잠금된 계정 암호를 해제하기

```
# usermod -U visitor
# tail /etc/shadow | grep visitor
visitor:$6$kOWg6j/s$mHA51LFbcs6Qv/Jf8gDBFktQTrC277dXjb53UtXWgJqVSlEeJGrh6bmi
/aIRGrkYOER2AFL/.A/aaqCCHB38D1:17310:3:90:7:7:18261:
#
```

잠금된 암호를 –U 옵션으로 해제하면, /etc/shadow 파일에 암호화된 패스워드의 항목 값 앞에 '!' 가 삭제된 것을 확인할 수 있다. 이후 visitor 계정으로 로그인을 다시 할 수 있다.

참고로 usermod 에서 –p 옵션으로 암호를 변경하는 것은 암호 문자열이 화면상에 보이므로 보안상 추천하지 않는다. 암호 변경은 passwd 명령을 사용한다.

2.5 사용자 암호 에이징(chage)

```
NAME
      chage  -        change user password expiry information

SYNOPSIS
      chage         -d, --lastday LAST_DAY   (YYYY-MM-DD 형식 가능)
                    -E, --expiredate EXPIRE_DATE
                    -I, --inactive INACTIVE
                    -m, --mindays MIN_DAYS
                    -M, --maxdays MAX_DAYS
                    -W, --warndays WARN_DAYS              login
```

chage 명령은 사용자 암호와 연관된 최소 사용기간, 최대 사용기간, 사용 유예기간, 경고 기간, 계정 만료일, 최종 변경일 등의 정보를 변경할 때 사용한다. 앞에서 설명한 usermod 명령과 기능이 비슷한 점이 있다.

앞에서 생성된 visitor 계정으로 암호 관련 정보를 변경해보자.

현재 'visitor' 계정의 /etc/shadow 파일의 상태는 다음과 같다.

```
# tail /etc/shadow ¦ grep visitor
visitor:$6$r9qBPuQh$eouOJD1GqBJFwiCo09V2xKTJ80QX8E0rewwv8UqjH7GN9LMtVAIsFvsX
uEaXG6SnMiiDllVu2NwdEWl8GZ0m5/:17318:3:90:7:7:18261:
#
```

❶ 계정의 만료 일자를 '2018-12-31'로 변경

```
# chage -E 2018-12-31 visitor
# tail /etc/shadow ¦ grep visitor
visitor:$6$r9qBPuQh$eouOJD1GqBJFwiCo09V2xKTJ80QX8E0rewwv8UqjH7GN9LMtVAIsFvsX
uEaXG6SnMiiDllVu2NwdEWl8GZ0m5/:17318:3:90:7:7:17896:
#
```

계정 만료일을 −E 옵션을 사용해서 '18261'(2019-12-31)에서 '17896'(2018-12-31)로 변경한다.

❷ 암호의 INACTIVE 값을 14로 변경

```
# chage −I(대문자 아이) 14 visitor
# tail /etc/shadow ¦ grep visitor
visitor:$6$r9qBPuQh$eouOJD1GqBJFwiCo09V2xKTJ80QX8E0rewwv8UqjH7GN9LMtVAIsFvsX
uEaXG6SnMiiDllVu2NwdEWl8GZ0m5/:17318:3:90:7:14:17896:
#
```

암호 사용기간 만료 후 유예 사용기간인 INACTIVE 값을 −I 옵션을 사용해서 7에서 14로 변경한다.

❸ 암호의 최소사용 기간을 0으로, 최대 사용기간을 60으로 변경

```
# chage −m 0 −M 60 visitor
# tail /etc/shadow ¦ grep visitor
visitor:$6$r9qBPuQh$eouOJD1GqBJFwiCo09V2xKTJ80QX8E0rewwv8UqjH7GN9LMtVAIsFvsX
uEaXG6SnMiiDllVu2NwdEWl8GZ0m5/:17318:0:60:7:14:17896:
#
```

암호 최소 사용기간은 −m 옵션으로, 최대 사용기간은 −M 옵션을 사용해서 0과 60으로 각각 변경한다.

❹ 암호 만료전 3일 전부터 암호를 변경하라는 경고 표시하기

```
# chage −W 3 visitor
# tail /etc/shadow ¦ grep visitor
visitor:$6$r9qBPuQh$eouOJD1GqBJFwiCo09V2xKTJ80QX8E0rewwv8UqjH7GN9LMtVAIsFvsX
uEaXG6SnMiiDllVu2NwdEWl8GZ0m5/:17318:0:60:3:14:17896:
#
```

암호 변경 경고일 설정은 −W 옵션을 사용해서 3으로 변경한다.

❺ 현재 암호의 에이징 정보 보기

```
# chage -l(소문자 엘) visitor
마지막으로 암호를 바꾼 날              : 6월 01, 2017
암호 만료                            : 7월 31, 2017
암호가 비활성화 기간                   : 8월 14, 2017
계정 만료                           :12월 31, 2018
암호를 바꿀 수 있는 최소 날 수         : 0
암호를 바꿔야 하는 최대 날 수          : 60
암호 만료 예고를 하는 날 수           : 3
#
```

현재 암호의 에이징 정보는 -l(엘) 옵션을 사용해서 앞에서 설정 변경한 내용을 확인해 볼 수 있다.

usermod와 chage명령은 특히 사용자 계정 및 암호를 관리하는데 있어서 중요한 명령으로 숙지하기 바란다.

2.6 사용자 계정 삭제(userdel)

```
NAME
     userdel -    Delete a user account and related files

SYNOPSIS
     userdel    [-r]   login
```

userdel 명령은 사용자 계정을 삭제할 때 사용한다.

dummy 계정을 생성하고 삭제하는 과정을 통해 계정관련 변화를 살펴보자.

❶ dummy 계정을 생성

```
# useradd dummy
# tail /etc/passwd ¦ grep dummy
dummy:x:1004:1007::/home/dummy:/bin/bash
```

```
# tail /etc/shadow | grep dummy
dummy:!!:17318:0:99999:7:::
# tail /etc/group | grep dummy
dummy:x:1007:
# tail /etc/gshadow | grep dummy
dummy:!::
# cd /home/dummy
# ls -aF
./  ../  .bash_logout  .bash_profile  .bashrc  .mozilla/
#
```

앞에서 배운 useradd 명령으로 'dummy' 계정을 생성하면, 관련된 파일에 정보가 저장되고, 홈 디렉터리가 생성되고, /etc/skel 디렉터리에 정의된 계정관련 배포 파일이 홈 디렉터리에 복사된다.

계정 관련 정보는 /etc/passwd와 /etc/shadow 파일에 저장되고, 그룹 관련 정보는 /etc/group와 /etc/gshadow 파일에 저장된다. /etc/skel 디렉터리에 있는 쉘스크립트 파일인 .bashrc, .bash_profile, .bash_logout 가 복사되고, 웹브라우징 관련된 확장 기능 및 플러그인 관련 파일들이 .mozilla 디렉터리에 복사된다.

❷ dummy 계정을 완전 삭제

```
# userdel -r dummy
# tail /etc/passwd | grep dummy
# tail /etc/shadow | grep dummy
# tail /etc/group | grep dummy
# tail /etc/gshadow | grep dummy
# cd /home/dummy
-bash: cd: /home/dummy: 그런 파일이나 디렉터리가 없습니다
#
```

계정의 홈 디렉터리와 메일 등의 모든 내용도 삭제하려면 ┳ 옵션을 사용한다. 그러면 앞에서 저장된 파일에서 계정 관련 해당 정보들이 모두 삭제된다. 참고로 ┳ 옵션 없이 사용하면 계정의 홈 디렉터리에 있는 내용이 유지된다.

참고로 userdel 명령은 사용자가 홈 디렉터리 외에 다른 디렉터리에 저장해 놓은 파일은
삭제되지 않으므로 관리자는 다음과 같이 find 명령을 사용해서 해당되는 파일을 찾아
서 삭제할 수 있다.

```
# find / -user dummy -exec rm -f {} \;
```

2.7 그룹 생성(groupadd)

```
NAME
      groupadd -    Create a new group

SYNOPSIS
      groupadd    [-g gid [-o]] [-r] [-f]    group
```

groupadd 명령은 새로운 그룹을 생성할 때 사용한다. 이 명령은 /etc/group와 /etc/gpasswd
파일에 그룹 정보를 저장한다. 파일의 구조는 뒤에서 설명한다.

groupadd 명령의 사용 예를 살펴보자.

❶ 새로운 그룹 'xproject'를 생성

```
# groupadd xproject
# tail /etc/group | grep xproject
xproject:x:1008:
#
```

❷ 기존 사용자 'eyha' 와 'hanbh'를 그룹 'xproject'의 멤버로 가입

```
# usermod -G xproject eyha
# usermod -G xproject hanbh
# tail /etc/group | grep xproject
```

```
xproject:x:1008:eyha,hanbh
#
```

usermod 명령을 사용해서 기존 사용자를 새로 생성된 그룹 'xproject' 멤버로 가입시킨다.

❸ 새로운 사용자 'steve'를 생성과 동시에 그룹 'xproject'에 가입

```
# useradd -G xproject steve
# tail /etc/group | grep xproject
xproject:x:1008:eyha,hanbh,steve
# tail /etc/passwd | grep steve
steve:x:1005:1009::/home/steve:/bin/bash
#
```

useradd 명령에 -G 옵션을 사용해 그룹 'xproject' 멤버로 새로운 사용자 계정을 생성한다.

2.8 그룹 관련 파일의 구조

다음은 /etc/group 파일에 저장된 그룹 정보를 일부분 출력한 결과다.

```
$ cat /etc/group
root:x:0:
bin:x:1:
daemon:x:2:
sys:x:3:
.....생략
eyha:x:1001:
prof:x:1003:eyha,hanbh
backup:x:1004:
student:x:1005:
linuxclass:x:1006:visitor
$
```

파일의 내용을 보면 'prof'그룹에는 사용자 'eyha'와 'hanbh'가 멤버로 가입되어 있고, 'linuxclass'그룹에는 사용자 'visitor'가 멤버로 가입되어 있다.

■ group 파일 구조

/etc/group 파일의 구조를 그룹 'prof' 을 예로 알아보자.

```
          prof:x:1003:eyha,hanbh
          ① ②    ③      ④
```

① 그룹명 : 생성된 그룹 이름
② 암호 : 'x' 표시는 실제 암호가 /etc/gshadow 파일에 저장되어 있음을 나타냄
③ GID : Group ID, 그룹 식별번호
④ 그룹 멤버 : 그룹에 속한 멤버 목록

■ gshadow 파일 구조

다음은 /etc/gshadow 그룹 패스워드 파일의 내용을 일부분만 출력한 결과다.

```
# cat /etc/gshadow
root:::
bin:::
daemon:::
sys:::
.....생략
linuxclass:!::visitor
xproject:!::eyha,hanbh,steve
#
```

/etc/gshadow 파일의 정보는 다음과 같은 항목으로 구성된다.

그룹 'xproject' 를 통해 항목 구성을 알아보자.

```
xproject:!:::eyha,hanbh,steve
    ①    ② ③  ④
```

① 그룹명 : 생성된 그룹 이름
② 그룹 암호 : 암호화된 그룹 패스워드. 암호가 있는 경우 newgrp 명령으로 사용자가 그룹에
   가입할 수 있음. '!' 는 암호가 없는 상태로 일반 사용자가 newgrp 로 멤버로 가입할 수 없음
③ 관리자 : 그룹 암호나 멤버를 변경할 수 있는 사용자 계정. 여럿인 경우 ',' 로 구분함
④ 그룹 멤버 : 그룹에 속한 멤버 목록

2.9 그룹 변경(groupmod)

```
NAME
        groupmod -      Modify a group definition on the system

SYNOPSIS
        groupmod       [-g gid [-o]] [-n group_name]       group
```

groupmod 명령은 그룹의 정보를 변경할 때 사용한다.

기존 그룹 'student' 의 그룹명을 'staff'로 바꿔보자.

```
# tail /etc/group | grep student
student:x:1005:
# tail /etc/gshadow | grep student
student:!::
# groupmod -n staff student
# tail /etc/group | grep staff
staff:x:1005:
# tail /etc/gshadow | grep staff
staff:!::
#
```

groupmod 명령 실행으로 지정한 그룹명 'staff' 로 변경된 것을 확인할 수 있다.

2.10 그룹 삭제(groupdel)

```
NAME
      groupdel -    Delete a group

SYNOPSIS
      groupdel    group
```

groupdel 명령은 그룹을 삭제할 때 사용한다.

기존 그룹 'staff' 를 삭제해보자.

```
# tail /etc/group | grep staff
staff:x:1005:

# groupdel staff
groupdel: 'visitor' 사용자의 주요 그룹을 제거할 수 없습니다
# tail /etc/passwd | grep visitor
visitor:x:1002:1005:Linux Guest:/home/visitor:/bin/sh

# usermod -g 1002 visitor
# tail /etc/passwd | grep visitor
visitor:x:1002:1002:Linux Guest:/home/visitor:/bin/sh

# groupdel staff
# tail /etc/group | grep staff
#
```

groupdel 명령 실행으로 지정한 그룹명 'staff' 로 삭제하려고 했으나, 사용자 'visitor'의 기본 그룹(1005)이 'staff(1005)' 와 같아서 삭제를 할 수 없다는 메시지가 출력되었다.

이를 해결하기 위해서는 usermod 명령의 -g 옵션으로 사용자의 기본 그룹을 변경한 후, 다시 그룹 삭제 명령을 실행해야 한다. 실행 결과 그룹 'staff' 가 삭제된 것을 알 수 있다.

2.11 그룹 암호 및 멤버 관리(gpasswd)

```
NAME
     gpasswd -     administer /etc/group and /etc/gshadow

SYNOPSIS
     gpasswd     -a, --add user
                 -d, --delete user
                 -r, --remove-passwd
                 -R,--restrict
                 -A,--administrators user,...
                 -M,--members user,...              group
```

gpasswd 명령은 그룹에 대한 암호를 관리하고, 그룹의 멤버를 추가 또는 삭제하는 작업
을 수행할 때 사용한다.

❶ 그룹 'xproject'에 사용자 'apple' 과 'mango'를 멤버로 가입해보자.

```
# useradd apple
# useradd mango
# cat /etc/group | grep xproject
xproject:x:1008:eyha,hanbh,steve

# gpasswd -a apple xproject
사용자 apple을(를) xproject 그룹에 등록 중
# gpasswd -a mango xproject
사용자 mango을(를) xproject 그룹에 등록 중

# cat /etc/group | grep xproject
xproject:x:1008:eyha,hanbh,steve,apple,mango
#
```

gpasswd -a 옵션 명령으로 그룹 'xproject'에 사용자 'apple'과 'mango'를 가입시킨다.
/etc/group 파일에 멤버 목록에 추가된 것을 알 수 있다.

❷ 그룹 'xproject'에서 멤버 'apple'를 탈퇴시켜 보자.

```
# cat /etc/group ¦ grep xproject
xproject:x:1008:eyha,hanbh,steve,apple,mango

# gpasswd -d apple xproject
사용자 apple을(를) 그룹 xproject에서 제거하는 중

# cat /etc/group ¦ grep xproject
xproject:x:1008:eyha,hanbh,steve,mango
#
```

gpasswd -d 옵션 명령으로 그룹 'xproject'에 멤버 'apple'을 탈퇴시킨다. /etc/group 파일에 멤버 리스트에서 'apple'이 빠진 것을 확인할 수 있다.

❸ 그룹 'xproject'에서 관리자를 'eyha'로 설정해보자.

```
# cat /etc/gshadow ¦ grep xproject
xproject:!::eyha,hanbh,steve,mango

# gpasswd -A eyha xproject

# cat /etc/gshadow ¦ grep xproject
xproject:!:eyha:eyha,hanbh,steve,mango
#
```

gpasswd -A 옵션 명령으로 그룹 'xproject'에 관리자를 멤버 'eyha'로 지정한다. 그 결과를 /etc/gshadow 파일에 세 번째 항목인 관리자 정보가 변경된 것을 볼 수 있다.

❹ 그룹 'xproject' 의 멤버를 'eyha, hanbh, steve'로 설정해보자.

```
# cat /etc/gshadow ¦ grep xproject
xproject:!:eyha:eyha,hanbh,steve,mango

# gpasswd -M eyha,hanbh,steve xproject

# cat /etc/gshadow ¦ grep xproject
xproject:!:eyha:eyha,hanbh,steve
#
```

gpasswd -M 옵션 명령으로 그룹 'xproject'에 관리자를 멤버를 'eyha, hanbh, steve'로 설정한다. 그 결과를 /etc/gshadow 파일에 네 번째 항목인 멤버 리스트가 변경됐음을 알 수 있다.

❺ 그룹 'xproject' 의 암호를 설정해보자.

```
# cat /etc/gshadow ¦ grep xproject
xproject:!:eyha:eyha,hanbh,steve

# gpasswd xproject
xproject 그룹의 암호를 바꾸는 중
새 암호:
새 암호를 다시 입력하십시오:

# cat /etc/gshadow ¦ grep xproject
xproject:$6$9dKYUbXM9Ba03$ynJTjvDvFYksiFKI.kE6KtDaJVCZFx8RUI4dX/2ZdNKdMXo7
G7GAnYx.REdL3p.QQAdRM.GMIGNuNUotypkaE0:eyha:eyha,hanbh,steve
#
```

gpasswd 명령으로 그룹 'xproject'에 암호가 설정한다. 그 결과를 /etc/gshadow 파일에 내용 중 두 번째 항목인 암호 부분이 설정되었음을 알 수 있다.

암호가 설정되면, 그룹 멤버가 아닌 사용자도 그룹 암호로 사용자 그룹 권한을 해당 그룹으로 전환해서 그룹에 속한 파일에 접근할 수 있게 된다. 이 내용은 **newgrp** 명령에서 설명한다.

❻ 그룹 'xproject' 의 관리자인 'eyha'가 멤버 가입 및 탈퇴 등의 작업을 해보자.

```
$ whoami
eyha
$ groups eyha
eyha : prof xproject

$ cat /etc/group | grep xproject
xproject:x:1008:eyha,hanbh,steve

$ gpasswd -d steve xproject
사용자 steve을(를) 그룹 xproject에서 제거하는 중

$ cat /etc/group | grep xproject
xproject:x:1008:eyha,hanbh

$ gpasswd -a apple xproject
사용자 apple을(를) xproject 그룹에 등록 중
$ gpasswd -a mango xproject
사용자 mango을(를) xproject 그룹에 등록 중

$ cat /etc/group | grep xproject
xproject:x:1008:eyha,hanbh,apple,mango

$ gpasswd xproject
xproject 그룹의 암호를 바꾸는 중
새 암호:
새 암호를 다시 입력하십시오:
$
```

gpasswd 명령으로 그룹 'xproject' 의 관리자인 'eyha'가 멤버 관리 및 암호 설정을 하는
작업을 할 수 있음을 위 명령 실행 결과를 보면 알 수 있다.

❼ 그룹 'xproject' 의 암호를 삭제해보자.

```
# cat /etc/gshadow | grep xproject
xproject:$6$1jcVZg9l$jD54W7wXj9QrCidWMJkwLWg.wS7io9a2WcADotcyVDu9LFXwSuJ2/7p
BcxagdlOSGqRlwZQDUjqpVzbEbruoT1:eyha:eyha,hanbh,apple,mango

# gpasswd -r xproject

# cat /etc/gshadow | grep xproject
xproject::eyha:eyha,hanbh,apple,mango
#
```

gpasswd -r 옵션 명령으로 그룹 'xproject'의 암호를 삭제한다. 그 결과를 /etc/gshadow 파일의 내용 중 두 번째 항목인 암호 부분이 공백으로 된 것을 볼 수 있다. -r 옵션으로 그룹의 암호가 삭제되면, 그룹에 속한 멤버만 **newgrp** 명령으로 사용자의 현재 실제 그룹 ID를 설정할 수 있다. 이에 대한 내용은 뒤에 **newgrp** 명령에서 설명하기로 한다.

❽ 그룹 'xproject'에 대한 접근 권한을 제한해보자.

```
# gpasswd xproject
xproject 그룹의 암호를 바꾸는 중
새 암호:
새 암호를 다시 입력하십시오:

# cat /etc/gshadow | grep xproject
xproject:$6$zoMlN27M/Z/Xr$dB2ASWzGn5a6trcoor9zgSY3WF8kQQqcJQ4ihnzuWfezmHBgUl
kKKnwP52IrR7f7fLdzabt0ohkdrtGRRNBUb/:eyha:eyha,hanbh,apple,mango

# gpasswd -R xproject

# cat /etc/gshadow | grep xproject
xproject:!:eyha:eyha,hanbh,apple,mango
#
```

gpasswd -R 옵션 명령으로 그룹 'xproject'의 접근 권한을 제한한다. 그 결과를 /etc/gshadow 파일의 내용 중 두 번째 항목인 암호 부분이 '!'로 변경된 것을 볼 수 있다. -R 옵션으로 그룹접근이 제한되면, 그룹에 속한 멤버만 **newgrp** 명령으로 사용자의 현재 실제 그룹 ID를 설정할 수 있다. 이에 대한 내용은 뒤에 **newgrp** 명령에서 설명하기로 한다.

2.12 그룹 전환(newgrp)

```
NAME
     newgrp -        log in to a new group

SYNOPSIS
     newgrp        [-] group
```

newgrp 명령은 현재 로그인 쉘의 그룹 ID를 다른 그룹 ID로 전환할 때 사용한다. '-' 옵션은 사용자의 로그인 환경 변수를 다시 초기화시킨다. 옵션이 없으면 이전 쉘의 환경 변수를 그대로 유지한다.

그룹의 멤버는 그룹의 암호가 설정되어 있든 없든 상관없이 언제나 해당 그룹으로 전환할 수 있다.

그룹의 멤버가 아닌 경우, 그룹 암호가 설정되어 있고 그룹 암호를 알면 해당 그룹으로 전환할 수 있다. 하지만 그룹의 암호가 gpasswd -r 또는 -R 옵션에 의해 삭제 또는 제한되었을 경우에는 해당 그룹으로 전환할 수 없다.

❶ 그룹 멤버인 사용자 'eyha'가 자신이 속한 그룹으로 실제 그룹 ID를 전환하기

```
$ whoami
eyha
$ id
uid=1001(eyha) gid=1003(prof) groups=1003(prof)
$ groups eyha
eyha : prof xproject
```

```
$ ps
  PID TTY          TIME CMD
 8800 pts/1     00:00:00 bash
13812 pts/1     00:00:00 ps
```

현재 실행되고 있는 쉘의 사용자가 'eyha'이고, 실제 gid가 1003(prof)그룹이고, 멤버로 가입된 그룹이 'prof'와 'xproject' 임을 알 수 있다. 그리고 현재 쉘의 프로세스 id가 8800 임을 볼 수 있다.

이제, newgrp 명령으로 현재 그룹 'prof'에서 소속된 다른 그룹 'xproject'으로 전환해보자.

```
$ newgrp xproject

[eyha@localhost ~]$ id
uid=1001(eyha) gid=1008(xproject) groups=1003(prof),1008(xproject)

[eyha@localhost ~]$ ps
  PID TTY          TIME CMD
 8800 pts/1     00:00:00 bash
13847 pts/1     00:00:00 bash
13876 pts/1     00:00:00 ps

... 이제 xproject 그룹 권한으로 명령 수행

[eyha@localhost ~]$ exit
exit
$ ps
  PID TTY          TIME CMD
 8800 pts/1     00:00:00 bash
13880 pts/1     00:00:00 ps
$ id
uid=1001(eyha) gid=1003(prof) groups=1003(prof)
```

newgrp 명령으로 'xproject' 그룹으로 전환하면, 새로운 쉘이 생성되고, 새로운 쉘의 사용자가 'eyha'이고, 실제 gid가 1008(xproject)그룹으로 전환되었고, 2차 그룹이 'prof'

와 'xproject' 임을 알 수 있다. 이제부터는 eyha 사용자가 xproject 그룹의 멤버로써 권한을 갖고 명령을 실행할 수 있음을 뜻한다.

다시 exit 명령으로 현재 쉘을 끝마치면 이전 상태로 돌아감을 알 수 있다.

❷ 그룹 암호가 설정된 경우, 멤버가 아닌 'steve'가 그룹 ID 전환하기

```
# cat /etc/gshadow | grep xproject
xproject:$6$l.ZmfQEsjG/rO$l89mlOInKU7vZF7DvRzYYCLT/xmzTpdOiFJlAPUQWoFn94iwRK
ySnv.KU6dDcHNWzknHaC3sTJtsuLjTxKYTp1:eyha:eyha,hanbh,apple,mango
#

$ whoami
steve
$ id
uid=1005(steve) gid=1009(steve) groups=1009(steve)
$ groups steve
steve : steve
$ ps
  PID TTY          TIME CMD
14328 pts/2     00:00:00 bash
14372 pts/2     00:00:00 ps

$ newgrp xproject
암호:
[steve@localhost ~]$ id
uid=1005(steve) gid=1008(xproject) groups=1009(steve),1008(xproject)
[steve@localhost ~]$ ps
  PID TTY          TIME CMD
14328 pts/2     00:00:00 bash
14374 pts/2     00:00:00 bash
14403 pts/2     00:00:00 ps

... 이제 xproject 그룹 권한으로 명령 수행

[steve@localhost ~]$ exit
exit
$
```

현재 실행되고 있는 쉘의 사용자가 'steve'이고, 실제 gid가 1009(steve)그룹이고, 멤버로 가입된 그룹이 자신 그룹인 'steve' 뿐임을 알 수 있다. 그리고 현재 쉘의 프로세스 id가 14328 임을 볼 수 있다.

newgrp 명령으로 'xproject' 그룹으로 전환을 시도하면, 암호를 처리과정을 거쳐서 통과되면, 새로운 쉘이 생성되고, 새로운 쉘의 사용자는 'steve' 이고, 실제 gid가 1008 (xproject)그룹으로 전환되었고, 2차 그룹이 'steve'와 'xproject'임을 알 수 있다. 이제부터는 steve 사용자가 xproject 그룹의 멤버로써 권한을 갖고 명령을 실행할 수 있음을 뜻한다.

다시 exit 명령으로 현재 쉘을 끝마치면 이전 상태로 돌아감을 볼 수 있다.

❸ 그룹 암호가 삭제 또는 제한된 경우, 멤버가 아닌 'steve'가 그룹 ID 전환시도

```
# gpasswd -r xproject
# cat /etc/gshadow | grep xproject
xproject::eyha:eyha,hanbh,apple,mango

또는
# gpasswd -R xproject
# cat /etc/gshadow | grep xproject
xproject:!:eyha:eyha,hanbh,apple,mango
#

$ whoami
steve
$ id
uid=1005(steve) gid=1009(steve) groups=1009(steve)

$ newgrp xproject
암호:
쓸 수 없는 암호입니다.
$ id
uid=1005(steve) gid=1009(steve) groups=1009(steve)
$
```

그룹 암호가 gpasswd -r 또는 -R 명령으로 삭제 또는 제한된 경우, 사용자가 'steve'가 newgrp 명령으로 그룹 ID 전환을 시도해서 암호를 입력해도 쓸 수 없는 암호라고 메시지가 출력되고, 그룹 전환이 안된다.

2.13 사용자 전환(su : substitute user)

```
NAME
      su -      run a shell with substitute user and group IDs

SYNOPSIS
      su [OPTION]... [-] [USER [ARG]...]
```

su 명령은 현재 사용자에서 다른 사용자 계정으로 전환하여 로그인할 때 사용한다.

'-' 옵션을 사용하면 지정한 사용자의 쉘 스크립트가 실행돼서 환경 변수들이 초기화 된다. 사용자 계정을 생략하면 수퍼유저인 'root' 로 로그인을 시도한다.

❶ 수퍼 유저인 'root'로 사용자 전환

```
$ id
uid=1001(eyha) gid=1003(prof) groups=1003(prof)
$ ps
  PID TTY         TIME CMD
 8800 pts/1    00:00:00 bash
14596 pts/1    00:00:00 ps

$ sudo su - root
암호:
[root@localhost ~]# id
uid=0(root) gid=0(root) groups=0(root)
[root@localhost ~]# ps
  PID TTY         TIME CMD
14598 pts/1    00:00:00 su
14601 pts/1    00:00:00 bash
```

```
14637 pts/1    00:00:00 ps
[root@localhost ~]# exit
logout
$
```

su – root 명령으로 사용자 전환하면, 로그인하면서 'root'의 홈 디렉터리에 있는 .bashrc 등의 쉘 스크립트가 실행되면서 환경변수들이 설정된 새로운 쉘이 생성된다.

❷ 현재 쉘 환경에서 사용자 전환

```
$ pwd
/home/eyha

$ sudo su steve
암호:
[steve@localhost eyha]$ pwd
/home/eyha
[steve@localhost eyha]$ cd
[steve@localhost ~]$ pwd
/home/steve
[steve@localhost ~]$ exit
exit
$
```

현재 환경에서 '–' 옵션 없이 다른 사용자로 전환하면 사용자의 로그인 쉘 스크립트가 실행이 되지 않기 때문에 현재 쉘 상태가 그대로 유지되면서 새로운 쉘이 생성된다.

위에 결과를 보면 사용자 전환 전에 작업 디렉터리가 '/home/eyha' 이었는데, su 명령 실행 후에도 작업 디렉터리가 변하지 않은 것을 알 수 있고, cd 명령으로 새로운 사용자의 홈 디렉터리로 이동하면 작업 디렉터리가 '/home/steve' 로 변한 것을 알 수 있다.

C H A P T E R 3

디렉터리 관리

3.1 파일 시스템 디렉터리 계층 구조

리눅스 파일 시스템은 계층적인 구조로 구성된다. 리눅스 재단에서 유지되는 파일 시스템 계층구조 표준**(Filesystem Hierachy Standard, FHS)**에 따라 보통 리눅스 배포판을 만들어 제공한다.

리눅스 디렉터리는 다음과 같이 계층적인 구조를 갖는다. '/'(루트 디렉터리)는 계층구조 상에 가장 꼭대기에 위치하는 디렉터리로써 모든 디렉터리 또는 파일의 뿌리가 된다.

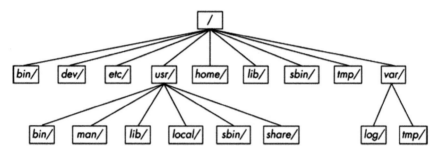

그림 4. 디렉터리 계층 구조

사용자는 계층구조 상에 시스템 또는 사용자 문서가 저장된 디렉터리 및 파일을 관리하는 명령은 필수적으로 알아야 한다.

이 장에서는 디렉터리 및 파일 관리에 일반적으로 많이 쓰이는 명령에 대해 설명하기로 한다.

다음 표는 주요 표준 디렉터리에 대한 목적 및 기능에 대해 설명한다.

표준 디렉터리 설명

디렉터리	목적 및 기능
/ (루트)	최상위 루트 디렉터리. 모든 디렉터리의 시작점 디렉터리 또는 파일을 절대경로로 표시할 때 시작점
/bin	단일 사용자 모드에서 사용되는 필수 기본 명령 예 cat, ls, cp
/boot	부팅에 필요한 커널 부트로더 파일

디렉터리	목적 및 기능
	GRUB와 같은 부트로더에 관한 파일 예 initrd-xxx.img, vmlinuz-.fc21.i686, grub2/grub.cfg
/dev	장치 파일 예 /dev/sda1, /dev/sr0, /dev/tty, /dev/lp0, /dev/stdin,
/etc	시스템 전반적인 설정 파일 예 passwd, httpd, rc.d, init.d, cron.d, selinux, sysconfig vsftpd, 　　xinetd.d, ssl
/home	사용자 홈 디렉터리
/lib	/bin또는 /sbin에 있는 명령을 위한 필수 라이브러리
/media	CD-ROM 또는 USB 저장장치 연결 마운트 지점
/mnt	임시적으로 마운트된 파일 시스템
/opt	추가적인 응용 소프트웨어 패키지
/proc	프로세스와 커널 정보를 파일로 제공하는 가상 파일 시스템 예 cpuinfo, meminfo, ioports, vmstat, kmsg, partitions, uptime
/root	수퍼유저 root의 홈 디렉터리
/run	현재 시스템의 로그인 사용자와 실행중인 데몬 서비스에 관한 정보로써 런타임 가변 데이터임 예 utmp, user, systemd, sysconfig, cron.pid, sshd.pid
/sbin	필수 시스템 명령 예 fsck, init, route
/srv	ftp 서버, web 서버 등의 서비스되는 서버등에 관한 스크립트 또는 데이터
/sys	장치, 드라이버, 커널의 특성관련 정보
/tmp	시스템 사용 중 발생하는 임시 데이터 파일
/usr	일반 사용자가 사용하는 응용 소프트웨어, 기타 파일 예 bin, include, lib, share, local, sbin, X11R6 등
/var	시스템 운영 중 발생하는 데이터 또는 로그 예 cache, lock, log, mail, run, spool, tmp

다음은 'tree -L 1' 명령으로 현재 시스템의 디렉터리 계층 구조를 출력한 화면이다.

```
# pwd
/
# tree -L 1
.
├── bin -> usr/bin
├── boot
├── dev
├── etc
├── home
├── lib -> usr/lib
├── lost+found
├── media
├── mnt
├── opt
├── proc
├── root
├── run
├── sbin -> usr/sbin
├── srv
├── sys
├── tmp
├── usr
└── var

19 directories, 0 files
#
```

출력 화면을 보면 표준 디렉터리 구조에 따라 파일 시스템이 구성되어 있음을 알 수 있다.

3.2 작업 디렉터리 보기(pwd: print working directory)

```
NAME
        pwd-   print name of current/working directory

SYNOPSIS
        pwd    -L, --logical
               -P, --physical
```

pwd 명령은 현재의 작업 디렉터리를 출력한다.

먼저, 사용자가 로그인하면 홈 디렉터리로 들어가게 된다. 로그인한 후 'pwd' 명령을 입력하면 로그인 계정의 홈 디렉터리를 알 수 있다.

사용자 계정으로 로그인한 후, pwd 명령으로 현재 작업 디렉터리를 출력한 결과 화면이다.

```
$ pwd
/home/eyha

$ cat /etc/passwd | grep eyha
eyha:x:1001:1003:Ha Eun Yong:/home/eyha:/bin/bash
$
```

사용자 계정 파일 /etc/passwd에서 등록되어 있는 'eyha' 사용자로 로그인하면 처음 작업 디렉터리가 홈 디렉터리인 '/home/eyha'로 위치함을 볼 수 있다.

3.3 디렉터리 리스트(ls: list)

```
NAME
        ls    list directory contents

SYNOPSIS
        ls    [OPTION]...[FILE]...
```

ls 명령은 옵션에 따라 디렉터리에 있는 파일에 대한 정보를 출력한다.

다음은 ls 명령의 옵션에 대한 설명이다.

옵션	설명
-a, --all	디렉터리 내의 모든 파일에 대한 리스트를 출력한다. 파일명이 '.'(점)으로 시작하는 숨겨진 파일도 포함해서 리스트를 출력한다.
-i, --inode	파일의 inode 번호를 출력한다.
-l(엘)	파일권한, 소유자, 그룹, 크기, 날짜 등의 정보를 자세히 출력한다.
-r, --reverse	정렬 옵션이 선택되었을 때, 그 역순으로 출력한다.
-s, --size	블록 단위의 파일 크기를 출력한다.
-t	최근에 수정된 시간(modification time) 순서대로 출력한다.
-F, --classify	파일 타입을 표시한다. '/': 디렉터리, '*': 실행파일, '@': 심볼릭 링크, 'ㅣ': FIFO, '=': 소켓
-R, --recursive	하위 디렉터리에 대해서도 재귀적으로 디렉터리 리스트를 출력한다.
-S	파일 크기가 큰 순서로 출력한다.
-1(one)	라인 당 한 파일씩 출력한다.
--help	도움말을 화면상에 나타낸다.
--version	'ls' 명령의 버전과 함께 출력한다.

❶ 현재 디렉터리의 내용을 옵션 없이 출력해 보자.

```
$ pwd
/home/eyha
$ ls
course  linux  node  public_html
$
```

ls 명령을 옵션 없이 실행하면 현재 디렉터리에 있는 파일 또는 디렉터리에 대한 리스트를 출력한다.

❷ 현재 디렉터리의 모든 파일에 대한 정보를 자세히 출력해 보자.

```
$ pwd
/home/eyha
$ ls -al
합계 68
drwxr-xr-x   9 eyha prof  4096  6월 15 16:58 .
drwxr-xr-x. 11 root root  4096  6월  8 11:42 ..
-rw-------   1 eyha prof 12292  6월 15 13:31 .bash_history
-rw-r--r--   1 eyha prof    18  7월 15  2015 .bash_logout
-rw-r--r--   1 eyha prof   193  7월 15  2015 .bash_profile
-rw-r--r--   1 eyha prof   231  7월 15  2015 .bashrc
drwx------   3 eyha prof  4096  7월 28  2016 .local
drwxr-xr-x   4 eyha prof  4096 12월  4  2014 .mozilla
drwx------   2 eyha prof  4096  4월 15 22:09 .ssh
-rw-------   1 eyha prof  2209  5월 15 11:45 .viminfo
drwxr-xr-x   6 eyha prof  4096  6월 20 11:45 course
drwxr-xr-x   4 eyha prof  4096  6월  3 20:16 linux
drwxrwxr-x   3 eyha prof  4096  7월 28  2016 node
drwxrwxr-x   9 eyha prof  4096  9월 12  2016 public_html
$
```

ls -la 옵션 명령으로 현재 디렉터리인 '/home/eyha'의 정보를 확인한 결과다. 파일명이 '.'(점)으로 시작하는 숨겨진 파일의 정보도 출력된 것을 볼 수 있다.

❸ 최근에 수정된 시간 순으로 파일 정보를 자세히 출력해 보자.

```
$ ls -lt
합계 16
drwxr-xr-x 6 eyha prof 4096  6월 20 11:45 course
drwxr-xr-x 4 eyha prof 4096  6월  3 20:16 linux
drwxrwxr-x 9 eyha prof 4096  9월 12  2016 public_html
drwxrwxr-x 3 eyha prof 4096  7월 28  2016 node
$
```

ls -lt 옵션 명령으로 디렉터리의 내용을 출력하면, 먼저 최근에 수정된 시간 내용부터 출력됨을 볼 수 있다.

❹ 지정한 파일 또는 디렉터리의 정보를 출력해보자.

```
$ ls /
bin   dev  home  lost+found  mnt  proc  run   srv  tmp  var
boot  etc  lib   media       opt  root  sbin  sys  usr
$ ls -l /etc/passwd
-rw-r--r-- 1 root root 2828  6월  8 11:42 /etc/passwd
$
```

위의 결과 화면은 첫 번째는 ls명령의 인자로 '/'(root) 디렉터리를 입력해서 루트 디렉터리의 내용을 출력한 것이고, 두 번째는 인자로 '/etc/passwd' 파일을 입력해서 지정한 파일 정보를 출력한 결과다.

3.4 작업 디렉터리 바꾸기(cd: change directory)

```
NAME
        cd-    Change the current directory to [directory]

SYNOPSIS
        cd     [directory]
```

cd 명령은 작업 디렉터리를 지정한 디렉터리로 변경할 때 사용한다. 인자 없이 cd 명령을 실행하면 홈 디렉터리로 이동한다. 특정 사용자의 홈 디렉터리로 이동하려면 'cd ~사용자' 명령을 사용한다. 인자 값에 '.'(점)은 현재 디렉터리를 의미하고, '..'(점 둘)은 부모 디렉터리를 의미한다.

❶ 먼저 디렉터리간 이동하기 전에, 현재 계정의 홈 디렉터리의 계층 구조를 'tree -L 2 -d' 명령으로 순수 디렉터리만 2단계까지 출력해보자.

```
$ pwd
/home/eyha
$ tree -L 2 -d
.
├── linux
│   ├── tmp
│   └── work
├── node
│   └── mp4
└── public_html
    ├── adv-play
    ├── ds2016
    ├── mp4
    ├── netprog2016
    ├── node_modules
    ├── nodejs-study
    └── os2016

13 directories
```

❷ 하위 디렉터리 'linux'로 이동해서 디렉터리 내에 있는 파일 목록을 출력해보자.

```
$ cd linux
$ pwd
/home/eyha/linux
$ ls -l
합계 436
-rw-rw-r-- 1 eyha prof  483  4월 18 14:03 access.c
-rw-r--r-- 1 eyha prof  223  4월 13 14:49 argument.c
......(생략)
drwxrwxr-x 5 eyha prof 4096  6월  3 21:11 tmp
drwxr-xr-x 4 eyha prof 4096  4월 19 14:18 work
$
```

C 프로그램과 하위 디렉터리들이 있음을 볼 수 있다.

❸ 다시 하위 디렉터리 'work'로 이동해서 디렉터리 목록을 확인해보자.

```
$ cd work
$ pwd
/home/eyha/linux/work
$ ls -l
합계 8
drwxrwxr-x 2 eyha prof 4096  4월 19 13:19 movies
drwx------ 2 eyha prof 4096  4월 19 13:19 music
```

디렉터리 'work'에는 두 개의 하위 디렉터리 있음을 볼 수 있다.

❹ 이제 디렉터리 '/etc/httpd'로 이동해서 디렉터리 목록을 확인해보자.

```
$ cd /etc/httpd
$ pwd
/etc/httpd
$ ls
conf  conf.d  conf.modules.d  logs  modules  run
```

위 결과를 보면 절대경로 '/etc/httpd'를 사용해서 디렉터리 이동을 한 것을 알 수 있다.

■ 파일 경로 표현법

리눅스에서 파일 경로는 절대경로 또는 상대경로로 표현한다.

• **절대경로(absolute path)**는 최상위 디렉터리인 '/' (루트)부터 시작해서 하위경로를 붙여서 경로를 표현하는 방식이고,

• **상대경로(relative path)**는 현재 디렉터리를 기준으로 경로를 표현하는 방식이다.

❺ 이제 홈 디렉터리 밑에 'node/mp4' 디렉터리로 이동해보자.

```
$ cd
$ pwd
/home/eyha
$ cd node/mp4
$ pwd
/home/eyha/node/mp4
```

cd 명령을 인자 없이 실행하면 현재 로그인 계정의 홈 디렉터리로 이동한다.

❻ 상대경로를 사용해서 현재 위치에서 'public_html' 밑에 'mp4'로 이동해보자.

```
$ pwd
/home/eyha/node/mp4
$ cd ../../public_html/mp4
$ pwd
/home/eyha/public_html/mp4
```

현재 위치 '/home/eyha/node/mp4'에서 '/home/eyha/public_html/mp4'로 이동하려면,

• 먼저 홈 디렉터리 '/home/eyha'까지 위로 두 단계 올라가고,
• 다시 아래로 'public_html/mp4'까지 내려와야 하므로

• 상대 경로를 '../../public_html/mp4'를 지정하면 된다.

따라서 위와 같이 'cd ../../public_html/mp4' 명령을 실행한다.

❼ 바로 직전에 작업했던 디렉터리로 이동해보자.

```
$ pwd
/home/eyha/public_html/mp4
$ cd -
/home/eyha/node/mp4
```

'cd -' 명령을 사용하면 바로 직전에 작업했던 디렉터리로 이동한다.

예를 들어, /var/www/html/config 디렉터리로 이동해서 여러 작업을 하고난 후, 다시 직전 디렉터리로 돌아오려면 다음과 같이 입력한다.

```
$ cd /var/www/html/config
......(여러 명령 실행)
$ cd -
/home/eyha/node/mp4
```

❽ 다른 사용자 계정의 홈 디렉터리로 이동해보자.

```
$ pwd
/home/eyha
$ id
uid=1001(eyha) gid=1003(prof) groups=1003(prof),1008(xproject)
$ cd ~steve
-bash: cd: /home/steve: 허가 거부
$ sudo su - root
암호:
# id
uid=0(root) gid=0(root) groups=0(root)
# pwd
```

```
/root
# cd ~steve
# pwd
/home/steve
#
```

명령 **'cd ~사용자계정'**을 사용하면 다른 사용자 계정의 홈 디렉터리로 이동할 수 있다. 단, 현재 사용자가 이동하려는 다른 사용자 홈 디렉터리에 대한 접근 권한이 허용되었을 경우에 한해서 이동이 가능하다.

위 결과에서 보듯이 사용자 'eyha'가 접근 권한이 없는 'steve'계정의 홈 디렉터리로 이동하려고 시도하니 '허가거부' 메시지가 나왔다. 그래서 **'sudo su - root'** 명령을 사용해서 수퍼유저인 'root' 계정으로 사용자 전환을 한 후, 다시 'cd ~steve' 명령을 실행해서 'steve'계정의 홈 디렉터리로 이동했다.

3.5 디렉터리 생성(mkdir: make directory)

```
NAME
       mkdir-    make directories


SYNOPSIS
       mkdir     [option]... directory...
```

mkdir 명령은 디렉터리를 새로 만들 때 사용한다.

다음 표는 mkdir 명령의 옵션에 대한 설명이다.

옵션	설명
-p	경로 상에 필요한 부모 디렉터리까지 함께 생성
-m	지정한 허가 모드로 디렉터리를 생성

❶ 디렉터리 새로 만들기

```
$ pwd
/home/eyha
$ mkdir course
$ cd course
$ mkdir c linux os
$ ls
c   linux   os
$
```

mkdir 명령으로 하나 또는 여러 개의 디렉터리를 새로 만드는 것을 확인할 수 있다.

❷ '-m' 모드 옵션으로 접근 권한을 설정한 디렉터리 만들기

```
$ umask
0022
$ mkdir -m 750 private
$ ls -l
합계 16
drwxr-xr-x 2 eyha prof 4096  6월 15 16:58 c
drwxr-xr-x 2 eyha prof 4096  6월 15 16:58 linux
drwxr-xr-x 2 eyha prof 4096  6월 15 16:58 os
drwxr-x--- 2 eyha prof 4096  6월 15 17:10 private
$
```

'mkdir -m' 명령으로 'private' 디렉터리를 접근권한 750모드로 생성한 것을 볼 수 있다.

❸ 경로상의 디렉터리까지 생성하기

```
$ pwd
/home/eyha/course
$ mkdir -p book/lang/c
$ cd book/lang/c
$ pwd
/home/eyha/course/book/lang/c
$
```

mkdir –p 옵션으로 명령으로 'book/lang/c' 디렉터리를 만들면 경로 상에 존재하지 않은 상위 디렉터리인 'book'과 'lang'가 생성되고 끝에 'c' 디렉터리가 생성됨을 볼 수 있다.

❹ umask 값에 따른 디렉터리 생성 모드 변화

mkdir 명령으로 디렉터리 생성하면 디렉터리 모드는 0777(rwxrwxrwx) 값에서 umask 값을 뺀 값으로 생성된다. 보통 디렉터리 권한에 영향을 주는 umask 디폴트(default)값으로 0022로 지정되어있다. 따라서 mkdir 명령으로 디렉터리를 생성하면 디렉터리의 모드는 0777 – 0022 = 755(rwxr-xr-x)로 생성된다.

예를 들어, umask 값을 0002로 변경하면 디렉터리는 775 모드로 생성된다.

```
$ umask 0002
$ umask
0002
$ mkdir share
$ ls -l
...(생략)
drwxrwxr-x 2 eyha prof 4096  6월 15 17:18 share
$
```

umask 값에 따라 share 디렉터리가 0777-0002 = 0775 모드로 생성됨을 볼 수 있다.

참고로 umask와 디렉터리 및 파일의 모드와의 관계에 대해 구체적인 설명은 명령 chmod을 참고하기 바란다.

3.6 디렉터리 삭제(rmdir: remove directory)

```
NAME
      rmdir-    remove empty directories

SYNOPSIS
      rmdir     [option]...directory...
```

rmdir 명령은 비어있는 디렉터리를 삭제할 때 사용한다. 디렉터리 내부에 파일이 있으면 지워지지 않는다. 따라서 디렉터리를 지우기 전에 **rm** 명령을 사용하여 내부 파일을 모두 지우고 사용한다.

옵션	설명
-p	경로 상에 비어있는 상위 디렉터리까지 포함하여 삭제

❶ 비어있는 디렉터리 삭제

```
$ pwd
/home/eyha/course
$ ls
book  c  linux  os  private  share
$ ls -l share
합계 0
$ rmdir share
$ ls
book  c  linux  os  private
$
```

rmdir 명령으로 비어있는 'share' 디렉터리가 삭제된 것을 알 수 있다.

❷ 내용이 있는 디렉터리 삭제 시도

```
$ pwd
/home/eyha/course
$ ls
book  c  linux  os  private
$ ls -l book
합계 4
drwxr-xr-x 3 eyha prof 4096  6월 20 11:19 lang
$ rmdir book
rmdir: failed to remove `book': 디렉터리가 비어있지 않음
$
```

rmdir 명령으로 내용이 있는 'book' 디렉터리를 삭제하려고 하면 위와 같이 비어있지 않아서 삭제할 수 없다고 메시지가 출력된다. 따라서 굳이 지우려면 디렉터리 안에 모든 내용을 먼저 지우고 명령을 다시 실행하면 된다. 파일을 지우는 rm 명령을 참조하기 바란다.

❸ 경로상의 디렉터리도 지우기

```
$ ls
book  c  linux  os  private
$ tree book
book
└── lang
    └── c
2 directories, 0 files
$ rmdir -p book/lang/c
$ ls
c  linux  os  private
$
```

rmdir -p 옵션을 사용해서 경로상의 디렉터리까지 삭제한다. 'book' 디렉터리 내에 하위 디렉터리가 존재하는 것을 볼 수 있다. 하지만 내부에 파일이 없으므로 '-p' 옵션을 사용해서 경로상에 명시된 모든 디렉터리를 삭제한 것을 볼 수 있다.

CHAPTER 4

파일 관리

4.1 파일 복사(cp: copy)

```
NAME
      cp-   copy files and directories

SYNOPSIS
      cp   [OPTION]... SOURCE DEST
      cp   [OPTION]... SOURCE... DIRECTORY
      cp   [OPTION]... -t DIRECTORY SOURCE...
```

cp 명령은 SOURCE를 DEST로 복사하거나 또는 여러 SOURCE를 DIRECTORY로 복사할 때 사용한다.

옵션	설명
-a, --archive	서브 디렉터리를 포함한 원래 파일의 구조, 속성을 그대로 복사한다. 옵션이 -dR —preserve=all 과 같은 동작을 한다.
-b, --backup	기존 목적 파일의 백업 파일을 만들고 덮어쓴다. 백업 파일명은 기존 파일명 끝에 '~'가 붙는다.
-d	심벌릭 링크(symbolic link) 자체를 그대로 복사한다.
-f, --force	목적 파일이 있을 경우 강제로 지우고 복사한다.
-i, --interactive	덮어쓰기 전에 사용자 확인 후 복사한다.
-l(엘), --link	하드 링크를 만든다.
-p	소스 파일의 소유권, 권한, 시간 등의 속성을 유지하고 복사한다.
-P	소스에 심볼릭 링크를 제외하고 서브 디렉터리까지 포함하여 복사한다.
-r, -R, --recursive	서브 디렉터리를 포함한 모든 파일을 재귀적으로 복사한다.
-s	심벌릭 링크를 만든다.
-u, --update	소스 파일이 목적 파일보다 최신일 경우에만 복사한다.
-v, --verbose	복사과정을 보여 준다.
-x	파일 시스템이 같을 경우만 복사한다.

❶ 하나의 일반 파일 복사

```
$ id
uid=1001(eyha) gid=1003(prof) groups=1003(prof),1008(xproject)
$ ls -l /etc/passwd
-rw-r--r-- 1 root root 2828  6월  8 11:42 /etc/passwd
$ cp /etc/passwd pass
$ ls -l
합계 4
-rw-r--r-- 1 eyha prof 2828  7월  3 14:44 pass
$
```

cp 명령으로 '/etc/passwd' 파일을 'pass' 파일로 복사한 결과다. 파일을 복사하면 목적 파일의 소유권(사용자 ID,그룹 ID)은 명령을 실행한 사용자의 ID를 따른다. 위 결과를 보면 소스 파일의 소유권은 (root, root) 였지만 목적 파일 'pass'의 소유권은 (eyha, prof)으로 설정됨을 볼 수 있다. 목적 파일의 시간 속성이 현재 시간으로 설정된 것을 볼 수 있다.

❷ 패턴과 일치하는 여러 파일을 복사

```
$ ls -l ../linux/ch*.c
-rw-rw-r-- 1 eyha prof 307  4월  19 16:00 ../linux/chdir.c
-rw-rw-r-- 1 eyha prof 294  4월  18 16:26 ../linux/chmod.c
-rw-rw-r-- 1 eyha prof 231  4월  18 16:52 ../linux/chown.c
$ cp ../linux/ch*.c .
$ ls -l
합계 16
-rw-r--r-- 1 eyha prof  307  7월  3 15:07 chdir.c
-rw-r--r-- 1 eyha prof  294  7월  3 15:07 chmod.c
-rw-r--r-- 1 eyha prof  231  7월  3 15:07 chown.c
-rw-r--r-- 1 eyha prof 2828  7월  3 14:44 pass
$
```

위 실행 화면은 cp 명령으로 상위 'linux' 디렉터리에 있는 'ch*.c' 패턴과 일치하는 파일을 현재 디렉터리('.' 점)로 복사한 결과다. 세 개의 파일이 복사된 것을 볼 수 있다.

❸ 서브 디렉터리 포함한 디렉터리 복사

```
$ ls
course  linux  node  public_html  work
$ ls -R work
work:
chdir.c  chmod.c  chown.c  pass  sub
work/sub:
chdir.c  chmod.c  chown.c
$ cp -r work work2
$ ls -R work2
work2:
chdir.c  chmod.c  chown.c  pass  sub
work2/sub:
chdir.c  chmod.c  chown.c
$ ls
course  linux  node  public_html  work  work2
$
```

위 실행 화면은 '-r' 옵션을 사용해서 'work' 디렉터리를 통째로 'work2' 디렉터리로 복사한 결과다. 'ls -R' 명령으로 명령 실행 전후의 상태를 확인할 수 있다.

❹ 파일 속성을 유지한 상태로 복사

```
$ stat chmod.c
  File: `chmod.c'
  Size: 294          Blocks: 8          IO Block: 4096   일반 파일
Device: fd02h/64770d   Inode: 5506282      Links: 1
Access: (0644/-rw-r--r--)  Uid: ( 1001/   eyha)  Gid: ( 1003/   prof)
Access: 2017-07-03 15:22:12.887198195 +0900
Modify: 2017-07-03 15:07:13.987492061 +0900
Change: 2017-07-03 15:07:13.987492061 +0900
 Birth: -
$ cp -p chmod.c chmod2.c
```

```
$ stat chmod2.c
  File: `chmod2.c'
  Size: 294            Blocks: 8          IO Block: 4096    일반 파일
Device: fd02h/64770d    Inode: 5506297    Links: 1
Access: (0644/-rw-r--r--)  Uid: ( 1001/    eyha)  Gid: ( 1003/    prof)
Access: 2017-07-03 15:22:12.887198195 +0900
Modify: 2017-07-03 15:07:13.987492061 +0900
Change: 2017-07-03 15:36:45.147325323 +0900
 Birth: -
$
```

위 실행 화면은 '-p' 옵션을 사용해서 파일을 복사한 결과다. 파일의 모드, 소유권 및 접근시간(access)과 내용 변경시간(modify)이 그대로 유지된 상태로 복사된 것을 볼 수 있다. 일반적인 복사의 경우에는 시간 속성이 현재 시간으로 설정된다.

```
# id
uid=0(root) gid=0(root) groups=0(root)
# ls -l chmod.c
-rw-r--r-- 1 eyha prof 294  7월  3 15:07 chmod.c
# cp chmod.c root1.c
# ls -l root1.c
-rw-r--r-- 1 root root 294  7월  3 15:54 root1.c
# cp -p chmod.c root2.c
# ls -l root2.c
-rw-r--r-- 1 eyha prof 294  7월  3 15:07 root2.c
#
```

위 실행화면은 슈퍼 유저인 root 가 복사 명령을 '-p' 옵션으로 실행했을 때 결과다. 일반적으로 복사하면 파일의 소유권이 실행한 사용자인 (root, root)로 설정되지만, '-p' 옵션을 사용하면 원래 소유권인 (eyha, prof) 로 유지되면서 복사됨을 알 수 있다. 즉, '-p' 옵션은 슈퍼 유저인 경우에 속성 유지의 의미가 있음을 알 수 있다.

❺ 심볼릭 링크 복사

```
$ ln -s chmod.c chmod.ln
$ ls -l chmod.*
-rw-r--r-- 1 eyha prof 294  7월  3 15:07 chmod.c
lrwxrwxrwx 1 eyha prof   7  7월  3 16:06 chmod.ln -> chmod.c
$ cp chmod.ln chmod.lncp
$ ls -l chmod.*
-rw-r--r-- 1 eyha prof 294  7월  3 15:07 chmod.c
lrwxrwxrwx 1 eyha prof   7  7월  3 16:06 chmod.ln -> chmod.c
-rw-r--r-- 1 eyha prof 294  7월  3 16:07 chmod.lncp
$ cp -s chmod.ln chmod.lncps
$ ls -l chmod.*
-rw-r--r-- 1 eyha prof 294  7월  3 15:07 chmod.c
lrwxrwxrwx 1 eyha prof   7  7월  3 16:06 chmod.ln -> chmod.c
-rw-r--r-- 1 eyha prof 294  7월  3 16:07 chmod.lncp
lrwxrwxrwx 1 eyha prof   8  7월  3 16:08 chmod.lncps -> chmod.ln
$
```

위 실행 화면은 'ln -s' 명령으로 파일에 대한 심볼릭 링크를 만든 후, cp 명령으로 심볼릭 링크를 복사하면 심볼릭 링크 파일의 원본 파일을 찾아서 복사함을 볼 수 있다. 'cp -s' 명령을 사용하면 심볼릭 링크 자체를 복사할 수 있음을 알 수 있다.

4.2 파일 이동(mv: move)

```
NAME
      mv-  move(rename) files

SYNOPSIS
      mv [OPTION]... SOURCE DEST
      mv [OPTION]... SOURCE... DIRECTORY
      mv [OPTION]... --target-directory=DIRECTORY SOURCE...
```

mv 명령은 파일명 또는 디렉터리명을 바꾸거나 또는 다른 디렉터리로 이동시킬 때 사용한다.

옵션	설명
-b, --backup	기존 목적 파일의 백업을 만든다.
-f, --force	목적 파일이 존재해도 강제적으로 덮어쓴다.
-i, --interactive	덮어쓰기 전에 확인한다.
-u, --update	소스파일이 목적파일에 비해 최신인 경우에 한해서 이동한다.
-n, --no-clobber	기존 파일에 덮어쓰지 않는다.

❶ 파일 및 디렉터리 이름 바꾸기

```
$ ls -F
chdir.c  chmod.c  chown.c  sub/
$ mv chdir.c cd.c
$ ls -F
cd.c  chmod.c  chown.c  sub/
$ mv sub src
$ ls -F
cd.c  chmod.c  chown.c  src/
$
```

위 실행 화면은 mv 명령으로 파일 및 디렉터리 이름을 바꾼 결과다.

❷ 여러 파일을 디렉터리로 이동하기

```
$ ls -R
.:
cd.c  chmod.c  chown.c  src
./src:
$ mv *.c src
$ ls -R
.:
```

```
src
./src:
cd.c  chmod.c  chown.c
$
```

위 실행 화면은 mv 명령으로 '*.c'패턴과 일치하는 파일을 마지막 인자인 src 디렉터리로 이동한 결과다.

예를 들어, '.c' 와 '.h' 확장자를 갖는 파일들을 모두 src 서브 디렉터리로 이동하려면 다음과 같이 명령을 실행한다.

```
$ mv  *.c  *.h  src
```

4.3 파일 삭제(rm: remove)

```
NAME
       rm-    remove files or directories

SYNOPSIS
       rm     [OPTION]... FILE...
```

rm 명령은 파일을 삭제하는데 사용한다. 삭제한 파일을 복구하기가 어렵기 때문에 삭제 명령은 조심해서 실행해야 한다.

옵션	설명
-f, --force	강제로 파일을 삭제한다.
-i, --interactive	지우기 전에 확인한다.
-r, -R, --recursive	서브 디렉터리의 파일까지 지운다.
-v, --verbose	삭제 과정에 대한 설명을 보여준다.

❶ 파일 삭제하기

```
$ ls -F
chdir.c  chmod.c  chown.c  pass  sub/
$ rm pass
$ ls -F
chdir.c  chmod.c  chown.c  sub/
$
```

위 실행 화면은 rm 명령으로 지정한 파일을 삭제한 결과 화면이다.

❷ 서브 디렉터리를 포함한 모든 파일 강제로 삭제하기

```
$ ls -F
course/  linux/  node/  public_html/  work/  work2/
$ ls -RF work2
work2:
cd.c  chmod.c  chown.c  src/
work2/src:
cd.c  chmod.c  chown.c

$ rm -rf work2
$ ls -F
course/  linux/  node/  public_html/  work/
$
```

위 실행 화면은 'rm -rf' 명령으로 서브 디렉터리를 포함하는 'work2' 디렉터리의 내용을 모두 삭제한 결과다. rm 명령의 -rf 옵션을 사용할 때는 모든 파일들이 한꺼번에 삭제되기 때문에 조심해야 한다.

예를 들어, video와 music 디렉터리의 모든 파일들을 강제로 지우려면 다음과 같이 입력한다.

```
$ rm -rf video music
```

4.4 파일 내용 전체 보기(cat: concatenate)

```
NAME
      cat-      concatenate files and print on the standard output

SYNOPSIS
      cat       [OPTION] FILE...
```

cat 명령은 파일의 모든 내용을 화면에 보여준다.

옵션	설명
-n, --number	행 번호를 표시한다.

❶ 파일에 행 번호를 매겨 표준 출력(화면)으로 출력하기

```
$ ls -F
cd.c  chmod.c  chown.c  src/
$ cat -n chmod.c
    1 #include<stdio.h>
    2 #include<sys/types.h>
    3 #include<sys/stat.h>
    4
    5 int main(int argc, char *argv[])
    6 {
    7     mode_t mode;
    8     mode = S_IRUSR | S_IWUSR | S_IRGRP | S_IWGRP;
    9
   10     if ( chmod (argv[1], mode) == -1 )
   11         printf("chmod error!\n");
   12     else
   13         printf("chmod success.\n");
   14 }
 $
```

위 실행 화면은 cat -n 명령으로 파일에 행 번호를 매겨서 화면으로 출력한 결과다.

❷ 여러 파일을 합쳐서 하나의 파일 만들기

```
$ ls -l
합계 16
-rw-r--r-- 1 eyha prof  307  7월  3 16:46 cd.c
-rw-r--r-- 1 eyha prof  294  7월  3 16:46 chmod.c
-rw-r--r-- 1 eyha prof  231  7월  3 16:46 chown.c
drwxr-xr-x 2 eyha prof 4096  7월  6 13:59 src
$ cat cd.c chmod.c > cdchmod.c
$ ls -l cdchmod.c
-rw-r--r-- 1 eyha prof 601  7월  6 14:29 cdchmod.c
$
```

위 실행 화면은 cat 명령으로 여러 파일의 내용을 화면에 출력하지 않고 파일로 저장한 결과다. 두 개의 파일의 크기가 합쳐져서 하나의 파일로 저장된 것을 확인할 수 있다.

여기서 '**>**' 기호는 리눅스 시스템에서 제공하는 **출력 리다이렉션(output redirection)** 기능으로, cat의 결과를 화면에 보내지 않고 지정한 파일로 저장하는 역할을 한다.

예를 들어, 파일에 행 번호를 매겨서 다른 파일로 저장하려면 다음 명령을 실행하면 된다.

```
$ cat -n chmod.c > chmod-no.c
```

cat 명령으로 저장된 chmod-no.c 파일 내용을 보면 행 번호가 매겨서 있는 것을 확인할 수 있을 것이다.

4.5 파일 내용 화면 단위로 보기

4.5.1 more 명령으로 파일 내용 보기

```
NAME
      more -   file perusal filter for crt viewing

SYNOPSIS
      more    [-dlfpcsu] [-number] [+/pattern] [+linenum] [file ...]
```

more 명령은 파일의 내용을 한 페이지씩 화면에 출력하면서 다음과 같은 내부명령을 이용해서 보기를 조절한다.

옵션	설명
-number	화면 크기를 지정한 라인 수로 설정한다.
+linenum	지정한 라인부터 보여준다
+/pattern	지정한 패턴을 찾은 곳부터 보여준다

내부명령	설명
h	도움말 보여주기
SPACE, z	다음 페이지
RETURN, 1	라인 스크롤
d, ^D	반 페이지 스크롤 ('^'는 Control 키를 의미한다.)
q, Q	종료
f	다음 페이지 (forward)
b, ^B	이전 페이지 (backward)
/pattern	패턴 검색
=	현재 라인 번호 출력
!	외부 쉘 명령어 실행
^L	화면 다시 표시
:n	다음 k 번째 파일로 이동, 디폴트 값은 1
:p	다음 k 번째 파일로 이동, 디폴트 값은 1
:f	현재 파일명과 라인 출력

❶ 파일 내용을 한 화면씩 보기

```
$ more -5 /etc/passwd
root:x:0:0:root:/root:/bin/bash
bin:x:1:1:bin:/bin:/sbin/nologin
daemon:x:2:2:daemon:/sbin:/sbin/nologin
adm:x:3:4:adm:/var/adm:/sbin/nologin
lp:x:4:7:lp:/var/spool/lpd:/sbin/nologin
--More--(6%)
```

위 실행 화면은 more 명령으로 화면 단위를 5로 설정해서 파일의 내용을 보는 결과 화면
이다. 밑에 현재 more명령의 상태를 몇 퍼센트까지 보았는지 표시한다. more 명령에서
빠져 나오려면 내부 명령인 '**q**'를 입력한다.

❷ 명령 실행 결과가 클 때 한 화면씩 보기

```
$ ls -l /usr/bin | more -5
합계 292632
-rwxr-xr-x.   1 root root       15059   7월   7   2014 GET
-rwxr-xr-x.   1 root root       15059   7월   7   2014 HEAD
-rwxr-xr-x.   1 root root       15059   7월   7   2014 POST
-rwxr-xr-x.   1 root root      119624   7월   8   2015 VGAuthService
--More--
```

위 실행 화면은 more 명령의 화면 단위를 편의상 5로 설정했다. 'ls -l /usr/bin' 명령을 그
냥 실행하면 여러 화면에 걸쳐 결과를 보게 된다. 여기서는 명령의 결과를 바로 보지 않
고, '**|**' (파이프기능)을 통해 more 명령으로 결과를 보내서 한 화면 단위로 보게 했다.
more 명령에 -5 옵션은 편의상 지정한 것이므로 생략하면 기본 화면 단위로 볼 수 있다.

여기서 '**|**' 기호는 **파이프(pipe) 기능**으로 앞 명령의 **표준 출력(standard output)** 결과를 화
면으로 보내지 않고, 파이프를 통해서 다음 명령의 **표준 입력(standard input)**으로 보내는
역할을 한다.

❸ 패턴 찾아서 한 화면씩 보기

```
$ more -5 /etc/passwd
root:x:0:0:root:/root:/bin/bash
bin:x:1:1:bin:/bin:/sbin/nologin
daemon:x:2:2:daemon:/sbin:/sbin/nologin
adm:x:3:4:adm:/var/adm:/sbin/nologin
lp:x:4:7:lp:/var/spool/lpd:/sbin/nologin
/eyha  (내용을 보면서 옆의 패턴을 입력한다.)
...skipping
mysql-proxy:x:986:981:MySQL-Proxy user:/:/sbin/nologin
setroubleshoot:x:985:980::/var/lib/setroubleshoot:/sbin/nologin
eyha:x:1001:1003:Ha Eun Yong:/home/eyha:/bin/bash
backup:x:1003:1004::/home/backup:/bin/bash
--More--(92%)
```

/etc/passwd 파일을 보면서 'eyha' 패턴이 있는 행을 검색하려면 다음과 같이 내부명령 /eyha를 입력하면, 해당하는 줄을 찾아서 '...skipping' 메시지를 보이고 검색된 줄이 포함된 화면을 보여준다.

4.5.2 less 명령으로 파일 내용 보기

```
NAME
      less-   opposite of more

SYNOPSIS
      less    -?
      less    [-[+]aBcCdeEfgGilmMnNqQrsSuUVwX]
              [-b bufs] [-h lines] [-j line] [-k keyfile]
              [-{oO} logfile] [-p pattern] [-P prompt] [-t tag]
              [-T tagsfile] [-x tab] [-y lines] [-[z] lines]
              [+[+] cmd] [--] [filename]...
```

less 명령은 more와 비슷한 명령어로 한 페이지씩 문서를 보여준다. more와는 다르게 문서의 앞으로 뿐만 아니라 뒤로도 이동이 가능하다. vi 또는 more에서 사용하는 이동 명령을 사용할 수 있다.

옵션	설명
-?, --help	less에서 사용할 수 있는 명령들에 대한 도움말
-a,--search-skip-screen	표시된 화면 밑부터 역으로 검색을 시작한다.
-c, --clear-screen	전체 화면을 지우고 표시한다.
-e, --quit-at-eof	두 번째로 파일의 끝에 도달하면 자동으로 종료한다.
-E, --QUIT-AT-EOF	첫 번째로 파일의 끝에 도달하면 자동적으로 종료한다.
-i, --ignore-case	대소문자를 구분하여 검색한다.
-N, --LINE-NUMBERS	행 번호를 추가한다.
-s, --squeeze-blank-lines	연속되는 공백 라인은 하나의 행으로 처리한다.
-x숫자, --tabs=n,...	숫자를 지정해서 탭 간격을 조정한다. 기본 값은 8이다.

4.6 파일 앞부분 보기(head)

```
NAME
        head-       output the first part of files

SYNOPSIS
        head        [OPTION]... FILE...
```

head 명령은 파일의 앞부분만 보는 명령어다. 디폴트 값은 10줄이다.

옵션	설명
-n, --lines=NUM	처음부터 지정한 NUM 행까지 보여준다.
-c, --bytes=NUM	처음부터 지정한 바이트 만큼만 보여준다.

예를 들어, 처음 5줄을 보고 싶으면 다음과 같이 입력한다.

```
$ head -n 5 /etc/passwd
root:x:0:0:root:/root:/bin/bash
bin:x:1:1:bin:/bin:/sbin/nologin
daemon:x:2:2:daemon:/sbin:/sbin/nologin
```

```
adm:x:3:4:adm:/var/adm:/sbin/nologin
lp:x:4:7:lp:/var/spool/lpd:/sbin/nologin
$
```

4.7 파일 끝부분 보기(tail)

```
NAME
        tail-      output the last part of files

SYNOPSIS
        tail      [OPTION]... FILE...
```

tail 명령은 head 명령과 반대로 파일의 끝 부분만 보는 명령어다. 디폴트 값은 10줄이다.

옵션	설명
-n, --lines=NUM	파일의 끝에서 지정한 NUM 행까지 보여준다
-c, --bytes=NUM	파일의 끝에서 지정한 바이트 만큼만 보여준다.

예를 들어, 마지막 5줄을 보고 싶으면 다음과 같이 입력한다.

```
$ tail -n 5 /etc/passwd
visitor:x:1002:1002:Linux Guest:/home/visitor:/bin/sh
hanbh:x:1004:1007::/home/hanbh:/bin/bash
steve:x:1005:1009::/home/steve:/bin/bash
apple:x:1006:1010::/home/apple:/bin/bash
mango:x:1007:1011::/home/mango:/bin/bash
$
```

CHAPTER 5

파일 속성 관리

이 장에서는 파일의 접근 권한 변경, 파일의 소유권 변경, 파일의 타임스탬프 변경 등 파일의 속성을 관리하는 명령에 대해서 알아보자.

5.1 파일 접근 권한 변경(chmod: change mode)

```
NAME
        chmod-    change file mode bits

SYNOPSIS
        chmod    [OPTION]... MODE[,MODE]... FILE...
        chmod    [OPTION]... OCTAL-MODE FILE...
        chmod    [OPTION]... --reference=RFILE FILE...
```

chmod 명령은 파일의 접근 권한을 변경한다.

옵션	설명
-c	파일 권한이 바뀐 파일에 대해 설명한다.
-v	변경된 권한에 대해 설명한다.
-R	파일과 서브 디렉터리의 접근 권한을 재귀적으로 모두 변경한다.

chmod 명령은 지정한 모드로 파일의 접근권한(permission)을 바꾼다. 모드는 기호 또는 8진수를 사용해서 표현한다. **심벌릭 링크**는 권한을 변경할 수 없다.

■ 기호 표현 모드

기호 모드는 '[ugoa...][[+-=][rwxXstugo...]...][,...]'로 표현하고, 쉼표(,)로 구분하여 여러 개의 기호 군을 사용할 수 있다.

처음에 나오는 **'ugoa'**는 소유자(user), 그룹(group), 다른 사용자(others), 모든 사용자(all)를 뜻하며, 이것을 생략하면 모든 사용자로 간주하지만 umask로 지정된 비트는 영향 받지 않는다. '+'는 권한 부여, '-'는 권한 박탈, '=' 는 권한을 지정한다.

'rwxXstugo'는 새롭게 부여할 권한으로 읽기(r), 쓰기(w), 실행(x) (디렉터리는 검색허용), 디렉터리 또는 이미 다른 사용자에 대해 실행이 허가된 경우에 실행 및 검색(X), 실행시 사용자와 그룹 ID 지정(s), 제한적 삭제 또는 스왑 디바이스에 프로그램 텍스트 저장(t), 소유주(u), 그룹(g), 다른 사용자(o)을 각각 의미한다.

■ 숫자 표현 모드

숫자 모드는 4사릿수 8진수로 표현한다. 앞에 생략된 8진수는 0으로 간주한다. 예를 들면, 755는 0755를 나타낸다.

첫 번째 8진수의 각 비트는 사용자 ID 지정(set UID)(4), 그룹 ID 지정(set GID)(2), 제한적 삭제 또는 텍스트 이미지 저장(1)속성을 나타내고, 두 번째 8진수는 소유주에 권한으로 읽기(4), 쓰기(2), 실행(1)으로 표시되고, 세 번째 8진수는 그룹의 권한, 네 번째 8진수는 다른 사용자의 권한을 표현한다.

❶ 모든 사용자가 쓰기 권한을 갖도록 모드 변경

```
$ ls -l share.c
-rw-r--r-- 1 eyha prof 294  7월  8 15:44 share.c
$ chmod a+w share.c
$ ls -l share.c
-rw-rw-rw- 1 eyha prof 294  7월  8 15:44 share.c
```

위 화면을 보면 share.c 파일의 모드가 'rw-r—-r--' 이었던 것이 'chmod a+w' 명령을 실행으로 'rw-rw—rw-' 로 변경됐다. 즉, 그룹과 다른 사용자도 쓰기 권한(w)이 설정되었다.

원래대로 share.c 파일의 모드를 'rw-r—-r--'로 환원하려면 다음과 같이 명령을 입력한다.

```
$ chmod go-w share.c
$ ls -l share.c
-rw-r--r-- 1 eyha prof 294  7월  8 15:44 share.c
```

다시, 팔진수 표현으로 그룹과 다른 사용자에게 쓰기 권한을 주려면 다음 명령을 입력한다.

```
$ chmod 666 share.c
$ ls -l share.c
-rw-rw-rw- 1 eyha prof 294   7월   8 15:44 share.c
```

❷ 사용자 ID 지정(set UID) 또는 그룹 ID(set GID) 지정 모드 변경

```
$ ls -l /bin/passwd
-rwsr-xr-x. 1 root root 27152  8월 18  2014 /bin/passwd
$ gcc -o share share.c
$ ls -lF share
-rwxr-xr-x 1 eyha prof 7333   7월   8 16:04 share*
$ chmod u+s share
$ ls -lF share
-rwsr-xr-x 1 eyha prof 7333   7월   8 16:04 share*
```

위 화면을 보면 passwd 명령은 사용자 ID 지정 모드(s)가 되어있다. 즉, 일반 사용자가 암호를 변경할 때 passwd 명령을 사용하면, 시스템에 있는 /etc/passwd 과 /etc/shadow 파일 등 소유자가 root인 파일의 내용을 변경해야 한다. 이때 명령 실행 중 마치 자신이 root인 것처럼 동작하도록 하는 기능이 사용자 ID 설정 모드다.

passwd 명령과 같이 실행할 때 명령 파일의 소유자로 사용자 ID 지정(set UID)을 할 수 있는 share 명령을 개발했다고 하자. 이 명령에 set UID 모드를 설정하려면 위와 같이 'chmod u+s share' 명령을 실행한다. 이제 그룹 멤버 또는 다른 사용자가 share 명령을 실행하면 'eyha' 사용자와 같은 권한으로 명령이 실행된다.

5.2 파일 소유주 변경(chown: change owner)

```
NAME
        chown-      change file owner and group

SYNOPSIS
        chown    [OPTION]... OWNER[:[GROUP]] FILE...
        chown    [OPTION]... :GROUP FILE...
        chown    [OPTION]... --reference=RFILE FILE...
```

chown 명령은 파일의 소유주를 다른 사람으로 변경할 때 사용한다. 보통 파일의 소유권을 다른 사람으로 바꾸는 것은 수퍼유저인 **root**만이 할 수 있다.

옵션	설명
-c	파일의 소유권이 바뀐 파일에 대해 기술한다.
-v	변경된 소유권에 대해 기술한다.
-R	디렉터리와 파일들의 소유권을 재귀적으로 모두 변경한다.

chown 명령은 파일의 소유주와 그룹을 지정한 OWNER 및 GROUP 으로 바꾼다. 만약 OWNER만 지정하면 소유주만 바뀐다. 만약 점(.) 또는 콜론(:)으로 시작하는 GROUP만 지정하면 그룹만 바뀐다. 이 경우는 chgrp 명령과 같은 기능을 한다. 한편 OWNER와 GROUP을 점(.) 또는 콜론(:)으로 구분해서 사용하면 소유주와 그룹이 모두 바뀐다. 이 때 OWNER와 GROUP은 이름 또는 ID번호를 사용한다.

예를 들어, /usr/local/mysql 디렉터리 이하 모든 파일에 대한 소유자와 그룹의 소유권을 모두 mysql 로 변경하려면 다음 명령을 실행한다.

```
# chown -R mysql:mysql /usr/local/mysql
```

5.3 파일 그룹 변경(chgrp: change group)

```
NAME
        chgrp-    change group ownership

SYNOPSIS
        chgrp    [OPTION]... GROUP FILE...
        chgrp    [OPTION]... --reference=RFILE FILE...
```

chgrp 명령은 파일의 그룹 소유권을 바꾼다. 파일의 소유자나 root만이 파일의 그룹 소유권을 바꿀 수 있다.

옵션	설명
-c	파일의 그룹이 바뀐 파일에 대해 기술한다.
-v	실행과정을 자세히 보여준다.
-R	디렉터리와 파일들의 그룹 소유권을 재귀적으로 모두 바꾼다

chgrp 명령은 파일의 그룹을 지정한 GROUP으로 바꾼다. GROUP은 그룹이름 또는 그룹 ID를 사용한다.

예를 들어, /usr/local/apache 디렉터리 밑에 모든 파일의 그룹을 apache로 모두 바꾸려면 다음명령을 실행한다. 단, 명령을 실행하는 사용자는 해당 디렉터리에 대한 권한을 가져야 한다.

```
# chgrp -R apache /usr/local/apache
```

5.4 파일 타임스탬프 변경(touch)

```
NAME
        touch-      change file timestamps

SYNOPSIS
        touch     [OPTION]... FILE...
```

touch 명령은 공백 파일을 생성하거나 파일의 접근시간(access time), 내용 변경시간 (modification time), 속성 변경 시간(change time) 등의 타임스탬프를 변경할 때 사용한다.

옵션	설명
-a	파일 접근 시간 (access time) 설정
-m	파일 내용 변경 시간(modification time) 설정
-t STAMP	현재 시간 대신 **[[CC]YY]MMDDhhmm[.ss]** 형식으로 타임스탬프 설정

❶ 공백 파일 생성하기

```
$ date
2017. 07. 12. (수) 17:15:57 KST
$ touch dummy
$ ls -l dummy
-rw-r--r-- 1 eyha prof 0  7월 12 17:16 dummy
$ stat dummy
  File: `dummy'
  Size: 0            Blocks: 0         IO Block: 4096   일반 빈 파일
Device: fd02h/64770d    Inode: 5506291    Links: 1
Access: (0644/-rw-r--r--)  Uid: ( 1001/   eyha)  Gid: ( 1003/    prof)
Access: 2017-07-12 17:16:37.286404823 +0900
Modify: 2017-07-12 17:16:37.286404823 +0900
Change: 2017-07-12 17:16:37.286404823 +0900
 Birth: -
$
```

위 화면을 보면 touch 명령으로 크기가 0인 'dummy'파일이 생성된 것을 볼 수 있다. 또 stat 명령으로 파일의 타임스탬프가 현재 시간으로 설정된 것을 확인할 수 있다.

❷ 파일 내용 변경시간 설정하기

```
$ touch -m -t 07010101 dummy
$ stat dummy
  File: `dummy'
  Size: 0              Blocks: 0            IO Block: 4096    일반 빈 파일
Device: fd02h/64770d    Inode: 5506291      Links: 1
Access: (0644/-rw-r--r--)  Uid: ( 1001/    eyha)  Gid: ( 1003/    prof)
Access: 2017-07-12 17:16:37.286404823 +0900
Modify: 2017-07-01 01:01:00.000000000 +0900
Change: 2017-07-12 17:22:20.927943754 +0900
 Birth: -
$
```

위 화면을 보면 'touch -m -t 타임스탬프' 명령으로 내용 변경 시간을 지정한 시간으로 변경한 것을 확인할 수 있다.

❸ 기존 파일 타임스탬프를 모두 현재 시간으로 설정하기

```
$ touch dummy
$ stat dummy
  File: `dummy'
  Size: 0              Blocks: 0            IO Block: 4096    일반 빈 파일
Device: fd02h/64770d    Inode: 5506291      Links: 1
Access: (0644/-rw-r--r--)  Uid: ( 1001/    eyha)  Gid: ( 1003/    prof)
Access: 2017-07-12 17:24:33.568219808 +0900
Modify: 2017-07-12 17:24:33.568219808 +0900
Change: 2017-07-12 17:24:33.568219808 +0900
 Birth: -
$
```

위 화면을 보면 touch 명령을 옵션 없이 사용하면 현재 시간으로 타임스탬프가 모두 변경되는 것을 확인할 수 있다.

❹ 기존 파일의 접근 시간 변화 확인하기

```
$ cat dummy
$ stat dummy
  File: `dummy'
  Size: 0              Blocks: 0           IO Block: 4096   일반 빈 파일
Device: fd02h/64770d     Inode: 5506291      Links: 1
Access: (0644/-rw-r--r--)  Uid: ( 1001/    eyha)  Gid: ( 1003/    prof)
Access: 2017-07-12 17:28:12.169343762 +0900
Modify: 2017-07-12 17:24:33.568219808 +0900
Change: 2017-07-12 17:24:33.568219808 +0900
 Birth: -
$
```

위 화면을 보면 cat 명령으로 파일의 내용을 보면, 파일의 접근시간이 cat 명령을 실행한 시간 즉, 현재 시간으로 변경되는 것을 확인할 수 있다.

❺ 기존 파일의 권한 속성 변경 시간 확인하기

```
$ chmod 744 dummy
$ stat dummy
  File: `dummy'
  Size: 0              Blocks: 0           IO Block: 4096   일반 빈 파일
Device: fd02h/64770d     Inode: 5506291      Links: 1
Access: (0744/-rwxr--r--)  Uid: ( 1001/    eyha)  Gid: ( 1003/    prof)
Access: 2017-07-12 17:28:12.169343762 +0900
Modify: 2017-07-12 17:24:33.568219808 +0900
Change: 2017-07-12 17:32:59.619471153 +0900
 Birth: -
$
```

위 화면을 보면 chmod 명령으로 파일의 권한을 변경하면, 파일의 속성 변경시간 (change time)이 현재 시간으로 설정되는 것을 확인할 수 있다.

CHAPTER 6

패턴 및 파일 찾기

6.1 패턴을 포함하는 파일 찾기(grep)

```
NAME
      grep,    egrep, fgrep - print lines matching a pattern

SYNOPSIS
      grep    [options] PATTERN [FILE..]
      grep    [options] [-e PATTERN ¦ -f FILE] [FILE...]
```

grep 계열 명령은 주어진 패턴을 포함하는 파일의 행을 출력시킨다.

옵션	설명
-b, --byte-offset	바이트 오프셋과 함께 출력한다.
-c, --count	일치하는 행의 수를 출력한다.
-h, --no-filename	파일명은 출력하지 않는다.
-i, --ignore-case	대소문자 구분하지 않는다.
-l, --file-with-matches	일치하는 내용을 가지는 파일명만 출력한다.
-n, --line-number	일치하는 행 번호를 출력한다.
-r, --recursive	재귀적으로 서브 디렉터리에서도 찾는다.
-R,--dereference-recursive	-R옵션은 -r과 달리 심볼릭 링크의 원본도 찾는다.
-s, --no-messages	에러 메시지는 생략한다.
-v, --invert-match	일치하지 않는 내용을 출력한다.
-w, --word-regexp	단어 단위로 일치해야 출력한다.
-x, --line-regexp	전체 라인이 일치해야 출력한다.

❶ 문자열을 포함하는 파일 찾기

```
$ ls -F
course/  linux/  node/  public_html/  work/
$ grep -n -R chown *
linux/chown.c:7:      if( chown(argv[1], 1002, 1002) == -1 )
linux/chown.c:8:            printf("chown error!\n");
linux/chown.c:10:           printf("chown success.\n");
...생략
```

```
work/src/chown.c:7:          if( chown(argv[1], 1002, 1002) == -1 )
work/src/chown.c:8:                  printf("chown error!\n");
work/src/chown.c:10:                 printf("chown success.\n");
```

위 화면은 현재 디렉터리 밑에 모든 파일에 대해 재귀적으로 문자열 'chown'을 포함한 파일명과 행 번호를 찾은 결과다.

❷ 명령 실행 결과에서 문자열 찾기

```
$ ps aux | grep sshd
root       815  0.0  0.2  11216  4988 ?      Ss    7월11   0:00 /usr/sbin/sshd -D
root      6291  0.0  0.3  15556  7228 ?      Ss   12:37   0:00 sshd: eyha [priv]
eyha      6293  0.0  0.1  15556  3540 ?      S    12:37   0:00 sshd: eyha@pts/2
root      6454  0.7  0.3  14184  7036 ?      Ss   13:01   0:00 sshd: unknown [priv]
sshd      6455  0.3  0.2  12792  5436 ?      S    13:01   0:00 sshd: unknown [net]
 ...생략
```

위 화면은 프로세스의 상태를 보는 ps 명령을 실행한 결과를 파이프 기능을 통해 grep 명령과 연결해서 문자열 'sshd'을 포함하는 프로세스를 찾은 결과 화면이다.

6.2 파일 찾기(find)

```
NAME
      find-    search for files in a directory hierachy

SYNOPSIS
      find    [-H] [-L] [-P] [options...] [path...] [expression] [action]
```

find 명령은 디렉터리를 탐색하면서 지정된 조건을 만족하는 파일을 찾는 명령이다. 파일명, 크기, 날짜, 사용자 등의 조건을 지정하여 찾을 수 있다.

다음 표는 심볼릭 링크 처리 옵션에 대한 설명이다.

옵션	설명
-P	심볼릭 링크의 원본은 검색하지 않는다. 디폴트 값
-L	심볼릭 링크의 원본도 검색한다.
-H	명령 인자로 지정한 심볼릭 링크만 원본도 검색하지만 나머지는 -P와 같다.

다음 표는 표현식 일부에 대한 설명이다. 구체적인 내용은 'man find' 명령을 통해 매뉴얼을 확인하기 바란다.

표현식	설명
-name	찾고자 하는 파일의 이름을 지정한다.
-perm	파일의 권한이 일치하는 것을 찾는다
-atime	파일 접근시간을 기준으로 검색한다. 하루(24시간) 단위
-ctime	파일 속성 변경시간을 기준으로 검색한다. 하루 단위
-mtime	파일 내용이 수정된 시간을 기준으로 검색한다. 하루 단위
-user	지정한 소유주와 같은 파일을 찾는다.
-newer FILE	지정한 파일보다 최근에 갱신된 모든 파일을 찾는다.

다음 표는 여러 표현식간에 사용되는 연산자에 대한 설명이다.

연산자	설명
(expr)	괄호 연산자
! expr -not expr	expr 이 거짓이면 참
expr1 expr2 expr1 -a expr2 expr1 -and expr2	논리곱(AND) 연산
expr1 -o expr2 expr1 -or expr2	논리합(OR) 연산
expr1, expr2	표현식 모두 평가하지만, 최종 결과는 expr2의 결과

다음 표는 검색 결과에 취해지는 액션에 대한 설명이다.

액션	설명
-print	표준 출력으로 검색한 파일명을 출력한다. 디폴트 값
-exec command	검색한 파일에 대해 command 명령을 실행한다.

이제 아래와 같은 디렉터리 상태에서 여러 가지 find 명령을 실행해보자.

```
$ ls -lF
합계 36
-rwxr-xr-x 1 eyha prof 7411  7월 12 14:56 chdir*
-rw-r--r-- 1 eyha prof  307  7월 12 14:53 chdir.c
-rw-r--r-- 1 eyha prof  294  7월  3 16:46 chmod.c
-rw-r--r-- 1 eyha prof  231  7월  3 16:46 chown.c
-rwsr-xr-x 1 eyha prof 7333  7월  8 16:04 share*
-rw-rw-rw- 1 eyha prof  294  7월  8 15:44 share.c
drwxr-xr-x 2 eyha prof 4096  7월  6 13:59 src/
$
```

❶ 현재 디렉터리 밑에 '.c' 확장자를 갖는 파일을 찾아보자.

```
$ find . -name "*.c" -print
./chown.c
./chdir.c
./share.c
./chmod.c
./src/cd.c
./src/chown.c
./src/chmod.c
$
```

위 결과를 보면 확장자가 '.c'인 파일이 모두 찾아진 것을 볼 수 있다.

❷ 현재 디렉터리부터 'chdir.c' 파일보다 시간적으로 후에 작성되고, 파일 권한이 755 인 파일을 찾아보자.

```
$ find . -newer chdir.c -perm 755 -print
./chdir
$
```

위 결과에서 chdir.c보다 최근에 생성된 파일이 chdir인 것을 확인할 수 있다.

❸ 현재 디렉터리에서 8 일전에 내용이 변경된 파일을 찾아보자.

```
$ date
2017. 07. 12. (수) 15:25:21 KST
$ find . -mtime 8  -print
./chown.c
./chmod.c
$ stat chmod.c
  File: `chmod.c'
  Size: 294            Blocks: 8         IO Block: 4096   일반 파일
Device: fd02h/64770d   Inode: 5506281    Links: 1
Access: (0644/-rw-r--r--)  Uid: ( 1001/    eyha)  Gid: ( 1003/    prof)
Access: 2017-07-12 12:39:03.709691465 +0900
Modify: 2017-07-03 16:46:12.995647153 +0900
Change: 2017-07-06 13:58:44.997064212 +0900
 Birth: -
$
```

현재 일시가 '2017년 7월 12일'이므로 8일 전이면 '2017년 7월 3일'인 파일을 찾으면 되므로, 결과에서 보듯이 chown.c와 chmod.c파일이 내용 변경시간(modification time) 이 '2017-07-03'인 것을 알 수 있다.

❹ 현재 기준으로 이전 4일 안에 파일 내용이 변경되고, 파일 권한이 4755인 파일을 찾아보자. 이 명령은 사용자 지정 권한(set UID)이 있는 파일을 찾는 것이다.

```
$ date
2017. 07. 12. (수) 15:48:39 KST
$ find . -mtime -4 -a -perm 4755 -exec ls -lF {} \;
-rwsr-xr-x 1 eyha prof 7333  7월  8 16:04 ./share*
$ stat share
  File: `share'
  Size: 7333          Blocks: 16        IO Block: 4096    일반 파일
Device: fd02h/64770d   Inode: 5506288     Links: 1
Access: (4755/-rwsr-xr-x)  Uid: ( 1001/    eyha)  Gid: ( 1003/    prof)
Access: 2017-07-12 12:39:03.710691452 +0900
Modify: 2017-07-08 16:04:30.070042344 +0900
Change: 2017-07-12 15:39:29.708724909 +0900
 Birth: -
$
```

현재 일시가 '2017년 7월 12일'이므로, 4일 전이면 '2017년 7월 8일'인 안에 내용이 변경되고 사용자 지정 권한이 있는 파일을 찾으면 되므로, 결과에서 보듯이 share파일이 내용 변경시간(modification time)이 '2017-07-08'이고 권한이 rwsr-xr-x(4755)인 것을 알 수 있다.

❺ 시스템에 있는 동영상 및 음악 파일을 찾아서 모두 삭제해보자.

```
# find / -name "*.mp3" -o -name "*.mp4" -exec rm -f {} \;
```

위와 같이 슈퍼유저 root 가 동영상 또는 음악 파일을 모두 찾아서 삭제할 수 있다.

참고로 find 명령은 해커들의 작업에 의한 흔적을 찾는데 사용할 수도 있고, 시스템 상에 불필요하게 존재하는 특정 파일들을 정리하는데 사용할 수 있는 등 여러 활용성이 있다.

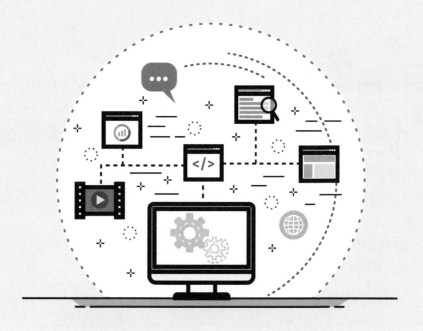

CHAPTER 7

매뉴얼 및 명령 찾기

7.1 매뉴얼 보기(man)

```
NAME
        man-    format and display the on-line manual pages

SYNOPSIS
        man     [-acdfFhkKtwW] [-m system] [-p string]
                [-C config_file] [-M path] [-P pager] [-S section]
                name...
```

man 명령은 명령어 또는 검색키에 대한 온라인 매뉴얼을 찾아볼 때 사용한다.

옵션	설명
-a, --all	모든 매뉴얼 페이지를 출력, 디폴트 값
-s, -S lists	주어진 섹션 매뉴얼을 출력
-k, --apropos	키워드 검색 매뉴얼 출력, apropos와 같음
-t	groff(troff)를 사용하여 프린트를 위한 형식으로 출력
-f, --whatis	짧은 설명을 출력, whatis와 같음
-h	도움말 출력

예를 들어, ls 명령에 대해 매뉴얼을 보려면 'man ls' 명령을 입력한다. chmod 명령과 chmod 시스템 호출 등에 대한 매뉴얼을 모두 검색하기 위해서는 "man -a chmod" 명령을 입력한다. 매뉴얼 섹션 2에 있는 chmod 시스템 호출을 볼 때는 'man -s 2 chmod' 명령을 입력한다.

보통 리눅스 매뉴얼은 다음과 같이 8개의 섹션으로 구성된다.

섹션	설명
1	일반 명령 또는 쉘 명령
2	시스템 호출 (system call)
3	C 표준 라이브러리 함수
4	특수 파일과 드라이버 (/dev 밑에 장치 파일)
5	파일 형식 및 규칙

섹션	설명
6	게임
7	기타(마크로 패키지 또는 규약)
8	시스템 관리자 명령

❶ 키워드로 매뉴얼 검색

```
$ man -k chown
chown (1)            - change file owner and group
chown (1p)           - change the file ownership
chown (2)            - change ownership of a file
chown (3p)           - change owner and group of a f...
...중간 생략
lchown (3p)          - change the owner and group of...
lchown32 (2)         - change ownership of a file
$
```

위 화면은 키워드를 chown로 지정한 매뉴얼의 모든 엔트리를 검색한 결과다. 결과를 보면 chown을 키워드로 갖는 매뉴얼은 여러 섹션에 존재하고 있는 것을 알 수 있다.

❷ 섹션에 있는 매뉴얼 검색

```
$ man -s 2 chown
CHOWN(2)        Linux Programmer's Manual        CHOWN(2)
NAME
      chown,  fchown, lchown, fchownat - change ownership of a file
SYNOPSIS
      #include <unistd.h>
      int chown(const char *pathname, uid_t owner, gid_t group);
 ....이하 생략
```

앞에서 검색한 chown의 시스템 호출에 대한 매뉴얼을 보려면 위와 같이 'man -s 2 chown' 명령을 입력한다.

7.2 명령의 파일 위치 찾기(whereis)

```
NAME
       whereis-   locate the binary, source, and manual page files for a command
SYNOPSIS
       whereis   [-bmsu] [-BMS directory... -f] name...
```

whereis 은 주어진 명령에 대한 바이너리(binary) 파일, 소스와 매뉴얼 페이지가 실제로
어느 디렉터리에 존재하는지 관련된 모든 경로를 찾아주는 명령이다.

옵션	설명
-b	바이너리 찾기
-m	매뉴얼 찾기
-s	소스 찾기
-B directory... -f	바이너리를 찾을 디렉터리 리스트 지정. -f는 리스트의 끝을 의미
-M directory... -f	매뉴얼을 찾을 디렉터리 리스트 지정
-S directory... -f	소스를 찾을 디렉터리 리스트 지정

예를 들어, find 명령에 대해 바이너리, 매뉴얼 등의 실제 위치를 찾는 명령은 다음과 같다.

```
$ whereis find
find: /usr/bin/find /usr/share/man/man1/find.1.gz
/usr/share/man/man1p/find.1p.gz

$ whereis -b find
find: /usr/bin/find

$ whereis -m find
find: /usr/share/man/man1/find.1.gz /usr/share/man/man1p/find.1p.gz

$ whereis -s find
find:
$
```

7.3 명령의 경로 확인(which)

```
NAME
        which-    shows the full path of (shell) commands

SYNOPSIS
        which     [options] [--] name [...]
```

which 명령은 실행하는 명령의 실제 명령의 경로와 옵션을 포함하는 별명(alias)을 보여준다.

예를 들면, ls 명령을 입력할 때 실제로 어떤 명령이 실행되는 것인지 알아보려면 다음과 같이 입력한다.

```
$ which ls
alias ls='ls --color=auto'
        /usr/bin/ls
$
```

결과를 보면 ls 명령을 입력하면 실제로 'ls --color=auto' 명령이 실행되는 것이고, ls 명령의 바이너리는 '/usr/bin/ls' 가 실행되는 것이다.

CHAPTER 8

시스템 사용자
정보 검색

8.1 유효 사용자 로그인 이름 알기(whoami)

```
NAME
        whoami-     print effective userid

SYNOPSIS
        whoami      [OPTION]...
```

whoami 명령은 현재 터미널에서 명령을 실행하는 유효 사용자(effective user)가 누구인지를 정보를 출력한다.

다음은 사용자가 eyha로 로그인하고, 다시 su 명령으로 root로 사용자를 변경한 후, whoami 명령을 입력하면 결과로써, 유효 사용자 root가 출력된 것을 볼 수 있다.

```
$ whoami
eyha

$ sudo su root
암호:
# id
uid=0(root) gid=0(root) groups=0(root)
# whoami
root
#
```

8.2 실제 사용자 로그인 이름 알기(logname)

```
NAME
        logname-    print user´s login name

SYNOPSIS
        logname     [OPTION]...
```

logname 명령은 로그인해 있는 실제 사용자(real user)의 이름을 출력한다.

예를 들어, 사용자가 eyha로 로그인하고, 다시 su명령으로 root로 사용자를 변경한 후 logname 명령을 입력하면, 결과는 다음과 같이 eyha가 나온다.

```
$ logname
eyha


$ sudo su root
암호:
# id
uid=0(root) gid=0(root) groups=0(root)
# logname
eyha
#
```

8.3 실제/유효 사용자 및 그룹 ID 보기(id: identification)

```
NAME
        id-    print real and effective UIDs and GIDs

SYNOPSIS
        id    [OPTION]...[USER]
```

id 명령은 사용자의 실제 사용자(real user) ID와 그룹 ID, 유효 사용자(effective user) ID와 그룹 ID 정보를 출력한다.

■ 실제 사용자와 유효 사용자 의미

실제 사용자란 로그인 사용자를 의미하고, **유효 사용자**는 su 명령 등으로 사용자 전환이 된 후에 현재 사용자를 의미한다. 즉, **유효 사용자**란 현재 명령 실행 시 사용자 자격을 의미한다고 생각하면 된다.

예를 들어, eyha로 로그인 하고 su로 root로 사용자 전환을 한 경우에, 실제 사용자는 eyha지만 현재 유효 사용자는 root로써 root의 권한으로 명령을 유효하게 실행할 수 있다는 것을 의미한다.

옵션	설명
-u, --user	유효 사용자 ID 출력
-g, --group	유효 그룹 ID 출력
-r, --real	실제 사용자 ID 출력
-n, --name	번호 대신 이름으로 출력
-G, --groups	사용자가 가입한 모든 그룹 ID 출력

다음은 id 명령으로 eyha 계정의 정보를 출력한 결과로 사용자 ID, 그룹 ID, 소속된 그룹 정보를 보여준다.

```
$ whoami
eyha
$ id
uid=1001(eyha) gid=1003(prof) groups=1003(prof),1008(xproject)

$ sudo su root
암호:
# id
uid=0(root) gid=0(root) groups=0(root)
# who -m
eyha     pts/1          2017-07-15 17:19 (211.214.175.84)
#
```

위 결과 su 명령으로 root로 사용자 전환을 하고, id 명령으로 실행하면 root 계정의 정보를 출력하지만, who -m 명령으로 실제 사용자 정보를 확인하면 eyha 사용자 정보가 출력됨을 확인할 수 있다.

정리하면, id 명령은 현재 쉘 명령의 유효 사용자 정보를 보여주는 기능을 하고, su 명령으로 사용자 전환을 하면 다른 유효 사용자의 자격으로 명령을 실행할 수 있지만 그래도 실제 사용자는 변하지 않고 유지된다는 것을 알 수 있다.

참고로 사용자에 대한 계정 정보는 /etc/passwd 와 /etc/group 파일에 저장된다. 다음은
각 파일의 내용을 일부만 출력한 것이다. eyha 계정을 보면 기본 uid가 1001(eyha), gid
가 1003(prof)이고, 소속된 그룹이 1003(prof)와 1008(xproject) 임을 알 수 있다.

```
$ tail /etc/passwd
eyha:x:1001:1003:Ha Eun Yong,OFFICE 777,8888:/home/eyha:/bin/bash
visitor:x:1002:1002:Linux Guest:/home/visitor:/bin/sh
... 생략

$ tail /etc/group
eyha:x:1001:
prof:x:1003:
linuxclass:x:1006:visitor
xproject:x:1008:eyha,hanbh,apple,mango
...생략
$
```

8.4 사용자의 일반 정보 보기(finger)

```
NAME
        finger-    user information lookup program

SYNOPSIS
        finger     [-lmsp] [user] [user@host ...]
```

finger명령은 시스템 사용자에 대한 이름과 주소등 신상명세를 출력한다. 참고로 사용
자 계정의 명세를 변경할 때는 chfn(change finger name) 명령을 사용한다.

옵션	설명
-s	로그인명, 실제 이름, 터미널 명, 로그인 시간 등 정보 출력
-l (엘)	-a 옵션 정보를 여러 줄로 출력
-p	-l 옵션 출력 중에서 '.plan', '.project', '.pgpkey' 파일의 내용을 보여주지 않는다.
-m	보통 로그인명으로 매칭해서 정보를 보여 준다. -m 옵션이 없으면 사용자 실제 이름과 매칭해서 정보를 보여준다.

❶ finger 명령으로 사용자 정보 출력

```
$ finger eyha
Login: eyha                          Name: Ha Eun Yong
Directory: /home/eyha                Shell: /bin/bash
On since 목  7월 13 13:59 (KST) on pts/1 from 220.66.60.73
    4 seconds idle
No mail.
No Plan.

$ finger "Ha"
Login: eyha                          Name: Ha Eun Yong
Directory: /home/eyha                Shell: /bin/bash
On since 목  7월 13 13:59 (KST) on pts/1 from 220.66.60.73
No mail.
No Plan.
$
```

결과를 보면 로그인명 또는 실제 이름으로 계정 정보를 검색해서 출력한 것을 확인할 수 있다.

❷ 네트워크 상에 다른 시스템에 있는 사용자 정보 출력

```
$ finger eyha@network.anyang.ac.kr
[network.anyang.ac.kr]
finger: connect: 연결이 거부됨
$
```

네트워크상에 network.anyang.ac.kr 호스트에 eyha 계정에 대한 자세한 정보를 알려면 위와 같이 입력한다. 하지만 요즘은 finger 서비스를 보통 거부해 놓아서 '연결이 거부됨' 이란 메시지가 나오기도 한다.

8.5 사용자의 일반 정보 변경(chfn)

```
NAME
        chfn-    change your finger information

SYNOPSIS
        chfn     [-f full-name] [-o office] [-p office-phone] [-h home-phone]
                 [-u] [-v] [username]
```

chfn명령은 시스템 사용자의 일반적인 정보를 변경하는데 사용한다. 이 명령을 실행하면 /etc/passwd 파일에 있는 사용자 관련 일반 정보가 변경된다.

옵션	설명
-f, --full-name	사용자 실제 이름 변경
-o, --office	사무실 변경
-p, --office-phone	사무실 전화번호 변경
-h, --home-phone	집 전화번호 변경

다음은 chfn 명령으로 사용자 일반 정보를 변경 후, finger 명령으로 사용자 정보를 확인한 결과로 사무실과 전화번호가 변경된 것을 볼 수 있다.

```
$ chfn -o "OFFICE 777" -p "8888" eyha
Changing finger information for eyha.
암호:
Finger information changed.

$ finger eyha
Login: eyha                              Name: Ha Eun Yong
```

```
Directory: /home/eyha                  Shell: /bin/bash
Office: OFFICE 777, x8888
On since 목  7월 13 13:59 (KST) on pts/1 from 220.66.60.73
   6 seconds idle
No mail.
No Plan.
$
```

8.6 로그인한 사용자 정보 보기(who)

```
NAME
       who-      show who is logged on

SYNOPSIS
       who    [OPTION]...[FILE ¦ ARG1 ARG2]
```

who 명령은 현재 로그인한 사용자에 대한 로그인명, 터미널, 로그인 시간을 출력한다.
명령 실행 시 FILE을 지정하지 않으면, who 명령은 /var/run/utmp 파일을 참조한다.
FILE을 /var/log/wtmp로 지정하면, who 명령은 이전에 로그인 했던 사용자 목록을 보
여준다.

옵션	설명
-b	시스템 부트 시간 출력
-H, --heading	컬럼 헤딩 출력
-s	소스 찾기
-m	로그인 실제 사용자(real user)과 호스트 이름을 출력
-u, --users	로그인한 사용자 리스트 출력
-r, --runlevel	현재 실행 레벨을 출력
-T, -w, --mesg	사용자에게 메시지 쓰기 가능 여부 표시 (+: 가능, -: 불가, ?:모름)

❶ 현재 로그인한 사용자 정보 출력

```
$ who -H
NAME      LINE        TIME              COMMENT
root      :0          2017-07-11 11:11 (:0)
root      pts/0       2017-07-11 11:11 (:0)
eyha      pts/1       2017-07-13 13:59 (220.66.60.73)


$ who -u -H
NAME      LINE        TIME              IDLE        PID COMMENT
root      :0          2017-07-11 11:11  ?           2021 (:0)
root      pts/0       2017-07-11 11:11  old         2396 (:0)
eyha      pts/1       2017-07-13 13:59  .           9267 (220.66.60.73)
$
```

who 명령으로 현재 로그인한 사용자에 대한 정보를 출력한 결과로 현재 3명의 사용자
가 로그인한 상태인 것을 확인할 수 있다.

❷ 사용자 터미널에 메시지 쓰기 가능 여부 확인

```
$ tty
/dev/pts/1
$ mesg n
$ who -w
root    ? :0          2017-07-11 11:11 (:0)
root    + pts/0       2017-07-11 11:11 (:0)
eyha    - pts/1        2017-07-13 13:59 (220.66.60.73)

$ mesg y
$ who -w
root    ? :0          2017-07-11 11:11 (:0)
root    + pts/0       2017-07-11 11:11 (:0)
eyha    + pts/1        2017-07-13 13:59 (220.66.60.73)
$
```

위 결과를 보면, 'mesg y/n' 명령은 다른 사용자가 터미널로 write명령으로 메시지를 전송할 수 있는지 여부를 설정하는 명령이다. 터미널 앞에 상태가 '+' 표시는 메시지를 수신할 수 있음을 나타내고, '-' 표시는 메시지 수신을 거부한다.는 의미다. 참고로 write 명령은 매뉴얼로 확인하기 바란다.

8.7 로그인한 사용자 작업 보기(w)

```
NAME
        w-          Show who is logged on and what they are doing

SYNOPSIS
        w-          [husfV] [user]
```

w 명령은 현재 로그인한 사용자와 실행중인 명령에 대한 정보를 출력한다.

다음은 w 명령의 실행 결과로써, 시스템이 부팅된 후 가동된 시간, 시스템 부하 정보, 현재 사용자 수, 사용자 작업 정보 등을 보여준다.

```
$ w
 15:18:40 up 2 days,  4:24,  3 users,  load average: 0.00, 0.01, 0.05
USER      TTY        LOGIN@  IDLE   JCPU   PCPU WHAT
root      :0         화11    ?xdm?   5:23    0.24s gdm-session-worker
[pam/gdm-password]
root      pts/0      화11    2days  0.12s  0.12s bash
eyha      pts/1      13:59   0.00s  0.16s  0.00s w

$ w eyha
 15:18:55 up 2 days,  4:24,  3 users,  load average: 0.00, 0.01, 0.05
USER      TTY        LOGIN@  IDLE   JCPU   PCPU WHAT
eyha      pts/1      13:59   1.00s  0.16s  0.00s w eyha
$
```

8.8 사용 중인 터미널 정보 보기(tty: teletypewriter)

```
NAME
        tty-   print the file name of the terminal connected to standard input

SYNOPSIS
        tty   [OPTION]...
```

tty명령은 사용자의 현재 터미널 정보를 보여준다.

다음은 현재 사용자의 터미널 정보를 출력한 화면이다.

```
$ whoami
eyha
$ who
root     pts/0        2017-07-11 11:11 (:0)
eyha     pts/1        2017-07-15 17:19 (211.214.175.84)

$ tty
/dev/pts/1

$ ls -l /dev/pts/1
crw--w---- 1 eyha tty 136, 1  7월 15 18:05 /dev/pts/1
```

현재 eyha 사용자가 사용하고 있는 터미널은 /dev/pts/1 디바이스 파일임을 보여준다.

ls -l 명령으로 해당 /dev/pts/1 디바이스 파일의 정보를 확인하면, 문자 디바이스(c)로 사용자가 eyha이고 그룹이 tty이고, 또 디바이스의 주 번호(major number)가 136번이고 부 번호(minor number)가 1번임을 볼 수 있다.

■ 디바이스 드라이버의 주 번호와 부 번호

참고로, 리눅스 운영체제 커널에는 모든 디바이스(device)를 구동시키는 역할을 하는 소프트웨어인 디바이스 드라이버(device driver) 루틴이 있다. 각기 다른 디바이스 드라이버는 주 번호(major number)에 의해 식별되고, 같은 디바이스가 여러 개인 경우에는 부 번호(minor number)에 의해 서로 구별된다.

CHAPTER 9

프로세스 관리

9.1 프로세스 상태 보기(ps: process status)

```
NAME
        ps-     report a snapshot of the current processes.

SYNOPSIS
        ps      [options]
```

ps 명령은 현재 실행중인 프로세스에 대한 정보를 출력한다.

옵션	설명
-a	제어 터미널이 모든 프로세스의 상태
-A, -e	모든 프로세스의 상태
-C command	지정한 명령어를 갖는 프로세스를 찾는다
-U RUID	실제 사용자 ID (RUID)를 갖는 프로세스를 찾는다
-u EUID	유효 사용자 ID (EUID)를 갖는 프로세스를 찾는다
-f	프로세스의 상세 정보를 출력
-j	작업 포맷으로 출력
-1 (하나)	상세 정보를 작업 형식(job format)으로 출력한다.
-l (엘)	상세 정보를 긴 형식(long format)으로 출력한다.
-perm	파일의 권한(permission)이 일치하는 것을 찾는다. 8진수 표현

예를 들어, 모든 프로세스의 정보를 볼 때는 'ps aux' 명령을 사용하고, 자신의 프로세스만 볼 때는 'ps' 명령을 사용한다.

❶ 현재 터미널에서 실행한 사용자의 프로세스 정보를 출력해보자.

```
$ ps
  PID TTY          TIME CMD
17399 pts/1    00:00:00 bash
17485 pts/1    00:00:00 ps
$
```

❷ 현재 터미널에서 실행한 사용자의 프로세스에 대한 상세 정보를 출력해보자.

```
$ ps -f
UID       PID  PPID  C STIME TTY        TIME CMD
eyha    19749 19748  0 11:20 pts/1   00:00:00 -bash
eyha    19800 19749  0 11:34 pts/1   00:00:00 ps -f
$
```

다음은 ps -f 명령으로 출력된 항목에 대한 설명이다.

항목	설명	항목	설명
UID	프로세스의 사용자 ID	STIME	프로세스 시작 시간
PID	프로세스 번호	TTY	프로세스가 실행된 터미널
PPID	부모 프로세스 번호	TIME	프로세스 실행 시간
C	CPU 사용량 (%)	CMD	실행 프로세스 명령

❸ 시스템에서 실행되고 있는 모든 프로세스의 정보를 검색해보자.

```
$ ps aux
USER       PID %CPU %MEM    VSZ   RSS TTY      STAT START    TIME COMMAND
root         1  0.0  0.2  25404  4668 ?        Ss   7월11    0:24
/usr/lib/systemd/systemd --swit
root         2  0.0  0.0      0     0 ?        S    7월11    0:00 [kthreadd]
root         3  0.0  0.0      0     0 ?        S    7월11    0:00 [ksoftirqd/0]
root         5  0.0  0.0      0     0 ?        S<   7월11    0:00 [kworker/0:0H]
...생략
$
```

다음은 ps aux 명령으로 출력된 항목에 대한 설명이다.

항목	설명	항목	설명
USER	프로세스의 사용자 계정	VSZ	사용 중인 가상메모리 크기 (KB)
PID	프로세스 번호	RSS	사용 중인 물리메모리 크기 (KB)
%CPU	CPU 사용량 (%)	START	프로세스 시작 시간
%MEM	물리적 메모리 사용량(%)	CMD	실행 프로세스 명령

다음은 프로세스의 상태인 STAT 항목에 대한 설명이다.

표시	설명	표시	설명
R	실행 중 또는 실행 가능	s	세션 리더 프로세스
S	인터럽트 가능 대기 상태 이벤트 완료를 기다리는 상태(interruptible sleep)	<	높은 우선순위
T	작업 제어 신호에 의해 정지된 상태(stopped)	+	포그라운드 프로세스 그룹(foreground process)
Z	좀비(zombie) 프로세스		

■ 좀비 프로세스(zombie process)의 의미

참고로 **좀비 프로세스(zombie process)**란 프로세스의 실행이 끝났지만, 부모 프로세스가 정상적으로 종료시키지 않아서 삭제되지 않은 프로세스로써, 프로세스 테이블의 한 항목만 차지하고, 기타 CPU, 메모리, I/O 자원을 소모하지 않는 상태의 프로세스다. 보통 부모 프로세스가 먼저 종료되고, 나중에 자식 프로세스가 종료될 때 자식 프로세스의 상태가 좀비 상태로 된다.

❹ -u 옵션을 사용해서 지정한 유효 사용자 ID를 갖는 프로세스의 정보를 출력해보자.

```
$ ps -j -u eyha
  PID  PGID   SID TTY          TIME CMD
17395 17395 17395 ?        00:00:00 systemd
17396 17395 17395 ?        00:00:00 (sd-pam)
17398 17393 17393 ?        00:00:00 sshd
17399 17399 17399 pts/1    00:00:00 bash
```

```
17549 17549 17399 pts/1    00:00:00 ps

$ ps -j -u mysql
  PID  PGID   SID TTY          TIME CMD
 1216  1216  1216 ?        00:00:00 mysqld_safe
 1445  1216  1216 ?        00:02:06 mysqld

$ ps -j -u apache
  PID  PGID   SID TTY          TIME CMD
 2529  2528  2528 ?        00:00:00 httpd
 2531  2528  2528 ?        00:00:00 httpd
 ... 생략
 2691  2528  2528 ?        00:00:00 httpd
 2692  2528  2528 ?        00:00:00 httpd
 2766  2528  2528 ?        00:00:00 httpd
$
```

위 결과는 eyha, mysql, apache 사용자가 실행한 프로세스에 대한 정보를 검색한 것이다. 결과에서 PID는 프로세스 번호, PGID는 프로세스 그룹 ID, SID는 세션 ID를 뜻한다.

9.2 프로세스 종료시키기(kill)

```
NAME
      kill-    terminate a process

SYNOPSIS
      kill     [options] pid ¦ name
      kill     -l [signal]
```

kill 명령은 현재 실행 중인 프로세스에게 신호를 보내서, 신호의 기능에 따라 프로세스를 강제종료 또는 재시작 등 여러 기능을 수행해서 프로세스를 관리하는데 사용된다.

옵션	설명
-l(엘), --list [number]	신호의 종류를 나열한다.
-15, -SIGTERM	프로세스를 종료시킴, 디폴트 값
-9, -SIGKILL	실행 중인 프로세스를 가장 확실하게 종료시킴
-1(일), -SIGHUP	보통 설정 정보가 변경된 데몬(daemon) 프로세스를 재시작할 때 사용한다.
-2, -SIGINT	프로세스에게 인터럽트 키(CTRL+C) 신호를 보냄
-s, --signal signal	지정한 신호를 프로세스에게 보낸다

❶ kill 명령을 실행하기 전에, sleep 명령으로 백그라운드 프로세스를 생성해보자.

```
$ sleep 10m &
[1] 20090
$ sleep 20m &
[2] 20091
$ sleep 30m &
[3] 20092
$ sleep 40m &
[4] 20093

$ ps
  PID TTY          TIME CMD
19749 pts/1    00:00:00 bash
20090 pts/1    00:00:00 sleep
20091 pts/1    00:00:00 sleep
20092 pts/1    00:00:00 sleep
20093 pts/1    00:00:00 sleep
20094 pts/1    00:00:00 ps
$
```

위에 프로세스 상태를 보면, 4개의 sleep 프로세스가 동작하고 있는 것을 볼 수 있다.

❷ 이제 kill 명령을 사용해서 프로세스에게 신호를 보내 종료시켜보자.

```
$ kill 20093
[4]+  종료됨                sleep 40m
$ kill -s 9  20092
[3]+  죽었음                sleep 30m
$ kill -15  20091
[2]+  종료됨                sleep 20m
$
```

위 결과를 보면, kill 명령에 인자없이 실행하면 -15(SIGTERM) 신호를 보내 프로세스를 종료시키는 것을 볼 수 있고, 신호의 종류를 지정해서 보내면 그에 따라 프로세스가 죽거나 종료됨을 알 수 있다.

❸ 백그라운드 프로세스를 작업 번호로 지정해서 종료시켜보자.

```
$ sleep 10m &
[1] 20143
$ sleep 20m &
[2] 20144
$ sleep 30m &
[3] 20145

$ jobs
[1]   Running                sleep 10m &
[2]-  Running                sleep 20m &
[3]+  Running                sleep 30m &

$ kill -SIGTERM %2
[2]-  종료됨                sleep 20m
$ kill %1
[1]-  종료됨                sleep 10m

$ jobs
[3]+  Running                sleep 30m &
$
```

위와 같이 백그라운드 프로세스는 **'%작업번호'** 형식을 사용해서 kill 명령으로 종료시킬 수 있다.

■ 백그라운드 프로세스

명령어 끝에 **'&'(ampersand)**를 붙여 **'명령어 &'** 형식으로 실행하면, 백그라운드 프로세스(background process)가 생성되고, 작업 번호와 프로세스 번호가 출력된다. 실행 중인 백그라운드 프로세스는 **'jobs'** 명령으로 확인할 수 있다.

9.3 여러 프로세스 종료시키기(killall)

```
NAME
       killall-   kill processes by name

SYNOPSIS
       killall    [-Z, --context pattern] [-e, --exact] [-g, --process-group]
                  [-i, --interactive] [-n, --ns PID] [-o, --older-than TIME]
                  [-q, --quiet] [-r, --regexp] [-s, --signal SIGNAL, -SIGNAL]
                  [-u, --user user] [-v, --verbose] [-w, --wait]
                  [-y, --younger-than TIME] [-I, --ignore-case]
                  [-V, --version] [--] name ...
```

killall 명령은 실행중인 프로세스에게 신호를 보내서 프로세스를 강제종료 또는 재시작 등의 기능을 수행한다는 점에서 kill 명령과 같다.

하지만 이름으로 찾기, 사용자로 찾기, 시간 기준으로 찾기 등의 유용한 기능이 있다. 신호를 특정하지 않으면 디폴트로 SIGTERM 신호가 전송된다.

옵션	설명
-g, --process-group	프로세스 그룹에 신호를 보낸다.
-n, --ns PID	PID와 같은 네임스페이스(namespace)와 일치된 프로세스에 신호를 보냄. PID 값이 0이면 모든 네임스페이스를 지칭한다.
-o, --older-than TIME	지정한 시간 이전에 시작된 프로세스를 종료시킴

옵션	설명
	단위는 s,m,h,d,w,M,y(초,분,시,일,주,월,년)을 사용
-y, --younger-than TIME	지정한 시간 이후에 시작된 프로세스를 종료시킴 단위는 s,m,h,d,w,M,y(초,분,시,일,주,월,년)을 사용
-u, --user user	지정한 사용자의 프로세스들을 종료시킴
-i, --interactive	종료시키기 전에 확인함
-r, --regexp	정규 표현식과 일치하는 프로세스를 종료시킴

❶ killall 명령으로 백그라운드로 실행시킨 'sleep' 프로세스를 모두 종료시켜보자.

```
$ sleep 10m &
[1] 22688
$ sleep 20m &
[2] 22689

$ ps -u eyha
  PID TTY          TIME CMD
22473 ?        00:00:00 systemd
22474 ?        00:00:00 (sd-pam)
22476 ?        00:00:00 sshd
22477 pts/1    00:00:00 bash
22688 pts/1    00:00:00 sleep
22689 pts/1    00:00:00 sleep
22690 pts/1    00:00:00 ps

$ killall sleep
[1]-  종료됨                 sleep 10m
[2]+  종료됨                 sleep 20m
```

위에 결과를 보면 2개의 sleep 프로세스가 종료된 것을 알 수 있다.

❷ killall 명령으로 지정한 시간 전에 실행된 'sleep' 프로세스를 모두 종료시켜보자.

```
$ sleep 10m &
[1] 22705

...1분 정도 후에 다음 명령 입력
$ sleep 20m &
[2] 22706

$ killall -o 20s sleep
[1]-  종료됨                    sleep 10m
```

위에서 2개의 sleep 프로세스를 약 1분 간격으로 생성한 후에, killall -o 명령으로 20s, 즉 20초전에 실행된 'sleep 10m' 프로세스를 종료시킨 것을 볼 수 있다.

9.4 프로세스 검색 및 신호 보내기(pgrep, pkill)

```
NAME
     pgrep, pkill-   look up or signal processes based on name and other attributes

SYNOPSIS
     pgrep     [options] pattern
     pkill     [options] pattern
```

pgrep 명령은 전체 프로세스에서 특정 패턴을 갖는 프로세스에 대한 정보를 추출할 때 사용한다.

옵션	설명
-신호번호, --signal signal	시스널을 해당 패턴을 갖는 프로세스들에게 보낸다
-u, --euid euid,...	유효 사용자 ID와 같은 프로세스를 출력
-U, --uid uid,...	실제 사용자 ID와 같은 프로세스를 출력
-t, --terminal term,...	제어 터미널이 일치하는 프로세스를 출력
-l(엘), --list-name	프로세스 번호와 이름 출력

옵션	설명
-a, --list-full	프로세스 번호와 명령어 전체를 출력
-P, --parent ppid,...	부모 프로세스 번호가 같은 프로세스를 출력
-s, --session sid,...	세션 프로세스 번호가 같은 프로세스 출력

❶ 지정한 사용자의 프로세스의 정보를 출력해보자.

```
$ pgrep -a -u eyha
19748 sshd: eyha@pts/1
19749 -bash
$
```

위 결과는 eyha 사용자의 프로세스만 출력한 것으로, 현재 원격접속 서버 프로세스 sshd 와 쉘 프로세스 bash가 동작하고 있음을 알 수 있다.

❷ 특정 패턴을 갖는 프로세스의 정보를 출력해보자.

```
$ pgrep -a sshd
815 /usr/sbin/sshd -D
19745 sshd: eyha [priv]
19748 sshd: eyha@pts/1
20007 sshd: eyha [priv]
20009 sshd: eyha@pts/2
$
```

위 결과는 sshd 패턴을 갖는 프로세스만 출력한 것으로 다섯 개의 sshd 프로세스 동작하고 있음을 알 수 있다.

❸ 지정한 사용자의 특정 패턴을 갖는 프로세스의 정보를 출력해보자.

```
$ pgrep -a -u root sshd
815 /usr/sbin/sshd -D
19745 sshd: eyha [priv]
```

```
20007 sshd: eyha [priv]
$
```

위 결과는 root 사용자의 sshd 패턴을 갖는 프로세스만을 출력한 결과이다.

❹ 찾는 패턴을 ',' 로 나열해서 OR 조건으로 해당 프로세스를 찾아 출력해보자.

```
$ pgrep -a -u apache,eyha
2529 /usr/sbin/httpd -DFOREGROUND
2531 /usr/sbin/httpd -DFOREGROUND
2533 /usr/sbin/httpd -DFOREGROUND
2536 /usr/sbin/httpd -DFOREGROUND
...생략
2692 /usr/sbin/httpd -DFOREGROUND
2766 /usr/sbin/httpd -DFOREGROUND
19748 sshd: eyha@pts/1
19749 -bash
20009 sshd: eyha@pts/2
20010 -bash
$
```

위 결과를 보면 사용자가 apache 또는 eyha인 프로세스만을 출력한 것을 확인할 수 있다.

❺ 두 개의 백그라운드 프로세스를 생성하고 pkill 명령으로 프로세스를 종료시켜보자.

```
$ sleep 10m &
[1] 20179
$ sleep 20m &
[2] 20180
$ ps
  PID TTY          TIME CMD
19749 pts/1    00:00:00 bash
20179 pts/1    00:00:00 sleep
20180 pts/1    00:00:00 sleep
20181 pts/1    00:00:00 ps
```

```
$ pkill -15 sleep
[1]-  종료됨                    sleep 10m
[2]+  종료됨                    sleep 20m
$
```

위 화면을 보면 백그라운드로 실행되고 있는 두 개의 sleep 프로세스를 pkill 명령으로 -15 신호를 보내서 종료시킨 결과를 확인할 수 있다.

특별히, pkill 명령은 특정 사용자의 모든 프로세스를 종료시킨다든지, 특정 패턴을 갖는 모든 프로세스를 종료시킬 수 있으므로 편리하게 사용될 수 있다.

9.5 프로세스 트리 보기(pstree: process tree)

```
NAME
        pstree-    display a tree of processes

SYNOPSIS
        pstree    [-a] [-c] [-h ¦-Hpid] [-l] [-n] [-p] [-u] [-G¦-U]
                  [pid, user]
```

pstree 명령은 ps에 의해 출력되는 모든 프로세스들의 부모-자식 프로세스 관계를 트리 형태로 표현한다.

옵션	설명
-g, --show-pgids	프로세스 그룹 ID (PGID) 표시
-p, --show-pids	프로세스 ID (PID) 표시
-s, --show-parents	지정한 프로세스의 부모 프로세스들 표시
-u, --uid-changes	사용자 ID 변화를 보여준다

❶ 시스템의 모든 프로세스에 대해 pstree 명령으로 프로세스의 부모-자식 관계를 트리 형태로 출력해보자.

```
$ pstree
systemd─┬─ModemManager─┬─{gdbus}
        │              └─{gmain}
        ├─NetworkManager─┬─{NetworkManager}
        │                ├─{gdbus}
        │                └─{gmain}
        ├─abrt-dump-journ
        ├─abrtd
        ├─accounts-daemon─┬─{gdbus}
        │                 └─{gmain}
        ├─alsactl
        ├─at-spi-bus-laun─┬─dbus-daemon
        │                 ├─{dconf worker}
        │                 ├─{gdbus}
        │                 └─{gmain}
        ├─at-spi2-registr───{gdbus}
        ├─atd
        ├─avahi-daemon───avahi-daemon
        ├─bluetoothd
        ├─caribou─┬─{gdbus}
        │         └─{gmain}
        ├─chronyd
...... 생략
$
```

❷ pstree 의 옵션을 사용해서 현재 사용자의 bash 프로세스의 부모 프로세스 ID 정보와 프로세스의 사용자 ID가 변화된 시점의 정보를 출력해보자.

```
$ ps
  PID TTY          TIME CMD
17399 pts/1    00:00:00 bash
17629 pts/1    00:00:00 ps
```

```
$ pstree -p -u -s 17399
systemd(1)──sshd(815)──sshd(17393)──sshd(17398,eyha)──bash(17399)──pstr
ee(17630)
$
```

위 결과를 보면 시스템 서비스 관리자 프로세스인 systemd부터 중간에 sshd서버를 통해 원격 접속한 뒤에 bash 쉘이 구동됨을 알 수 있다.

9.6 실시간으로 프로세스 상황판 보기(top: top process)

```
NAME
       top-   display Linux processes

SYNOPSIS
       top    -hv¦-bcHiOSs -d secs -n max -u¦U user -p pid -o fld -w [cols]
```

top 명령은 실시간으로 시스템의 상태와 각 프로세스의 CPU와 메모리 사용률, 소유자 정보 등을 보여주는 명령이다. 종료하려면 'q'를 입력한다.

옵션	설명
-d secs	화면 업데이트 지연 시간 설정, 디폴트 값은 3초
-U user	모든 사용자(실제(real), 유효(effective), 저장됨(saved) 또는 파일시스템(filesystem))와 일치하는 프로세스 보기. user는 번호나 이름으로 지정
-u EUID	유효 사용자와 일치하는 프로세스 보기. EUID는 번호나 이름으로 지정
-p pid,...	프로세스 번호와 일치하는 프로세스 보기
-n max	종료하기 전에 최대 max번 업데이트 보기
-b	화면에 출력하지 않고 실행됨. 결과를 파일로 저장 가능

❶ top 명령으로 실시간으로 프로세스의 상황판을 출력해보자.

```
$ top
top - 17:41:13 up 5 days,  6:46,  3 users,  load average: 0.00, 0.01, 0.05
Tasks: 190 total,   1 running, 189 sleeping,   0 stopped,   0 zombie
%Cpu(s):  0.0 us,  0.1 sy,  0.0 ni, 99.9 id,  0.0 wa,  0.0 hi,  0.0 si,  0.0 st
KiB Mem :  1994696 total,   102632 free,    429932 used,   1462132 buff/cache
KiB Swap: 3932156 total,  3881228 free,     50928 used.  1524604 avail Mem

  PID USER      PR  NI    VIRT    RES    SHR S  %CPU %MEM     TIME+ COMMAND
17569 eyha      20   0    9004   3776   3224 R   0.3  0.2   0:00.20 top
    1 root      20   0   25404   4664   3300 S   0.0  0.2   0:21.31 systemd
    2 root      20   0       0      0      0 S   0.0  0.0   0:00.10 kthreadd
    3 root      20   0       0      0      0 S   0.0  0.0   0:00.13 ksoftirqd/0
    5 root       0 -20       0      0      0 S   0.0  0.0   0:00.00 kworker/0:0H
    7 root      20   0       0      0      0 S   0.0  0.0   1:40.83 rcu_sched
    8 root      20   0       0      0      0 S   0.0  0.0   0:00.00 rcu_bh
    9 root      20   0       0      0      0 S   0.0  0.0   0:26.26 rcuos/0
   10 root      20   0       0      0      0 S   0.0  0.0   0:00.00 rcuob/0
   11 root      rt   0       0      0      0 S   0.0  0.0   0:00.02 migration/0
... 생략
$
```

위에 top 명령의 결과를 구체적으로 설명하면 다음과 같다.

① 첫 번째 줄은 시스템이 부팅된 후 현재까지 동작된 시간, 사용자 수, (1분, 5분, 15분) 단위의 시스템 평균 부하를 보여준다.

② 두 번째 줄은 전체 태스크 또는 쓰레드의 수와 프로세스의 상태에 따른 프로세스의 수를 보여준다. 즉, 실행중인 프로세스, 대기중인 프로세스, 중단된 프로세스, 좀비 프로세스 수를 보여준다.

③ 세 번째 줄은 주어진 시간 간격(interval)에 따른 현재 **CPU 사용률**을 보여준다.

다음은 CPU 사용률에 대한 세부 항목 설명이다.

항목	설명
us, user	nice안된 (un-niced) 사용자 프로세스들의 실행 시간
sy, system	커널 프로세스들의 실행 시간
ni, nice	nice된 (niced) 사용자 프로세스들의 실행 시간
id, idle	커널 idle 핸들러에서 소비한 시간
wa, IO-wait	입출력(Input/Output) 완료를 대기하는데 걸린 시간
hi	하드웨어 인터럽트를 서비스하는데 걸린 시간
si	소프트웨어 인터럽트를 서비스하는데 걸린 시간
st	하이퍼바이저(hypervisor)로 현재 VM 처리하는데 걸린 시간

■ nice된 프로세스

참고로 위 항목에서 **nice된 프로세스**란 사용자가 nice 명령으로 프로세스를 실행할 때 우선순위를 조정해서 실행한 프로세스를 의미한다. 운영체제의 스케줄러는 프로세스의 우선순위에 따라 CPU 할당시간을 조절해서 프로세스에게 할당한다. nice 값은 보통 -20에서 19까지의 값을 갖는다. 값이 낮을수록 높은 우선순위를 갖게 된다. 프로세스의 디폴트 nice 값은 10이다. nice 명령 매뉴얼을 참조하기 바란다.

예를 들어, 단일 CPU 시스템에서 두 개의 동일한 CPU 바운드 프로세스가 실행될 때, 각 프로세스에게 CPU 시간을 (20 - p)값에 비례해서 할당된다. 여기서 p는 우선순위를 의미한다. 가령 nice 값을 +15로 지정해서 프로세스를 실행하면, 보통 프로세스에 할당하는 CPU 시간의 25%만 할당받게 된다 : (20 - 15) / (20 - 0) = 0.25. [Abraham Silberschatz, Operating System Concepts, 9th edition, p.294 참조(원서 기준)]

④ 네 번째 줄은 물리 메모리 사용에 대한 정보를 KB 단위로 보여준다. 즉, 전체 메모리, 사용가능 메모리, 사용된 메모리, 버퍼/캐쉬 메모리 크기를 보여준다.

⑤ 다섯 번째 줄은 스왑 영역(가상 메모리)에 대한 사용 정보를 KB 단위로 보여준다. 즉, 전체 크기, 빈 공간, 사용된 공간, 가용 공간 (새 프로그램을 시작할 때 스왑핑(swapping)없이 사용할 수 있는 물리 메모리)

다음은 top 명령의 출력 결과에서 각 프로세스에 해당하는 항목에 대한 설명이다.

항목	설명	항목	설명
PID	프로세스 번호	SHR	공유 메모리 사용량
USER	사용자 ID	%CPU	CPU 사용량 (%)
PR	프로세스 스케줄링 우선순위	%MEM	메모리 사용량 (%)
NI	프로세스 nice 값	TIME+	누적 CPU 실행 시간
VIRT	가상 메모리 사용량	COMMAND	명령어
RES	물리 메모리 사용량	S	프로세스 상태

❷ top -u 옵션 명령으로 특정 사용자 프로세스를 실시간 모니터링 해보자.

```
$ top -d 5 -u eyha
top - 11:31:47 up 7 days, 37 min,  3 users,  load average: 0.00, 0.01, 0.05
Tasks: 190 total,   2 running, 188 sleeping,   0 stopped,   0 zombie
%Cpu(s):  0.0 us,  0.0 sy,  0.0 ni, 99.9 id,  0.0 wa,  0.0 hi,  0.0 si,  0.0 s
KiB Mem :  1994696 total,   101296 free,   438508 used,  1454892 buff/cache
KiB Swap:  3932156 total,  3878864 free,    53292 used.  1516008 avail Mem


  PID USER      PR  NI    VIRT    RES    SHR S  %CPU %MEM     TIME+ COMMAND
22592 eyha      20   0    9012   3812   3292 R   6.2  0.2   0:00.01 top
22473 eyha      20   0    5468   4100   3628 S   0.0  0.2   0:00.00 systemd
22474 eyha      20   0   27192   1608      0 S   0.0  0.1   0:00.00 (sd-pam)
22476 eyha      20   0   15868   4220   3128 S   0.0  0.2   0:00.03 sshd
22477 eyha      20   0    8040   4456   3052 S   0.0  0.2   0:00.06 bash
... 생략
```

위 화면은 유효 사용자가 'eyha'인 프로세스에 대한 상태를 5초 간격으로 출력한 결과다.

❸ top –b 옵션 명령으로 특정 사용자 프로세스를 실시간 모니터링한 결과를 파일로 저장해보자.

```
$ top -b -n 5 -d 5 -u mysql > top_mysql

$ cat top_mysql
top - 11:39:07 up 7 days, 44 min,  3 users,  load average: 0.00, 0.01, 0.05
Tasks: 190 total,   2 running, 188 sleeping,   0 stopped,   0 zombie
%Cpu(s):  0.0 us,  0.0 sy,  0.0 ni, 99.9 id,  0.0 wa,  0.0 hi,  0.0 si,  0.0 st
KiB Mem :  1994696 total,   101040 free,   438764 used,  1454892 buff/cache
KiB Swap:  3932156 total,  3878864 free,    53292 used.  1515752 avail Mem


  PID USER      PR  NI    VIRT    RES    SHR S  %CPU %MEM     TIME+ COMMAND
 1216 mysql     20   0    6800   2436   2436 S   0.0  0.1   0:00.01 mysqld_sa+
 1445 mysql     20   0  631376  39556   9856 S   0.0  2.0   2:48.21 mysqld

top - 11:39:12 up 7 days, 44 min,  3 users,  load average: 0.00, 0.01, 0.05
Tasks: 190 total,   1 running, 189 sleeping,   0 stopped,   0 zombie
%Cpu(s):  0.0 us,  0.0 sy,  0.0 ni,100.0 id,  0.0 wa,  0.0 hi,  0.0 si,  0.0 st
KiB Mem :  1994696 total,   101040 free,   438664 used,  1454992 buff/cache
KiB Swap:  3932156 total,  3878864 free,    53292 used.  1515804 avail Mem


  PID USER      PR  NI    VIRT    RES    SHR S  %CPU %MEM     TIME+ COMMAND
 1216 mysql     20   0    6800   2436   2436 S   0.0  0.1   0:00.01 mysqld_sa+
 1445 mysql     20   0  631376  39556   9856 S   0.0  2.0   2:48.21 mysqld
... 생략
```

위 화면은 유효 사용자가 'mysql'인 프로세스에 대한 상태를 5초 간격으로 5번 백그라운드로 실행해서 결과를 'top_mysql' 파일로 저장한 결과다.

9.7 전반적인 시스템 상태 정보 보기(procinfo)

```
NAME
        procinfo - display system status gathered from /proc

SYNOPSIS
        procinfo [ -fsmadiDSbrChv ] [ -nN ] [ -Ffile ]
```

procinfo 명령은 /proc 디렉터리 밑에 있는 시스템 관련 정보를 총망라해서 분석해 보고서를 출력하는 유틸리티 프로그램이다. 명령에서 빠져나오려면 'q'를 입력한다. 너무 방대한 내용이라 일부분만 설명하겠다.

옵션	설명
-f	전체 화면에 정보를 계속해서 업데이트하면서 표시함
-n*N*	N 초 단위로 정보를 업데이트해서 표시. 디폴트 값은 5초
-d	메모리, CPU 시간, 페이징, 스와핑, 디스크, 문맥(context)와 인터럽트 통계 등을 초 단위로 표시
-m	모듈과 디비아스 드라이버에 대한 정보를 표시
-F*file*	출력을 지정한 파일로 저장
-r	실제 자유(real free) 메모리에 대한 정보를 표시. 'free' 명령과 같은 기능 수행

❶ 다음은 'procinfo -r' 명령의 실행 결과를 일부분 출력한 내용이다.

```
$ procinfo -r
Linux 4.1.5-100.fc21.i686 (mockbuild@bkernel01) (gcc 4.9.2 20150212 (Red Hat
4.9.2-6)) #1 4CPU [linux]

Memory:      Total       Used       Free      Shared     Buffers
Mem:       1994696    1912708      81988          0     188704
-/+ buffers:          786804    1207892
Swap:      3932156      64828    3867328
```

```
Bootup: Tue Jul 11 10:54:36 2017    Load average: 0.00 0.01 0.05 1/372
3877


user  :        0:13:49.84 0.0  page in :       0
nice  :        0:02:10.02 0.0  page out:       0
system:        0:24:12.91 0.0  swap in :       0
idle  :  45d 22:43:40.61 99.9  swap out:       0
steal :        0:00:00.00 0.0
uptime: 11d 11:54:03.52          context :116464644


irq  0:        124 timer       irq  19:         0 19-fasteoi
irq  1:          2 i8042       irq  21:        55 21-fasteoi
irq  8:          0 rtc0        irq  23:         0 23-fasteoi
irq  9:          0 acpi        irq  25:         0 enp3s0
irq 16:          0 16-fasteoi  irq  26:         0 mei_me
irq 17:          0 17-fasteoi  irq  27:         0 nvkm
irq 18:          0 18-fasteoi  irq  28:         0 snd_hda_intel


$
```

위 결과를 보면 메모리, 스왑 공간의 사용도, 시스템 작업 부담 평균, 프로세스 실행 시
간, IRQ 정보 등을 볼 수 있다.

❷ 다음은 'procinfo -m' 명령의 실행 결과를 일부분 출력한 내용이다.

```
$ procinfo -m
Linux 4.1.5-100.fc21.i686 (mockbuild@bkernel01) (gcc 4.9.2 20150212 (Red Hat
4.9.2-6)) #1 4CPU [linux]

Kernel Command Line:
  BOOT_IMAGE=/vmlinuz-4.1.5-100.fc21.i686 root=/dev/mapper/fedora-root ro
rd.lvm.lv=fedora/swap rd.lvm.lv=fedora/root rhgb quiet LANG=ko_KR.UTF-8

Modules:
 20 *binfmt_misc    20 *bnep        424 *bluetooth       24 *rfkill
```

```
   84 *fuse            16 *xt_conntrack  100  bridge          16 *stp
   72 *snd_hda_codec_  68 *snd_hda_codec_ 32 *snd_hda_intel   32 *snd_hda_contro
   96 *snd_pcm         20 *wmi           148  kvm_intel        20 *video
...생략


Character Devices:                            Block Devices:
   1 mem              136 pts           259 blkext          132 sd
   4 /dev/vc/0        162 raw             8 sd              133 sd
   4 tty              180 usb             9 md              134 sd
...생략
 116 alsa             254 rtc           130 sd
 128 ptm                                131 sd


File Systems:
[sysfs]             [rootfs]           [ramfs]             [bdev]
[proc]              [cpuset]           [cgroup]            [tmpfs]
[devtmpfs]          [configfs]         [debugfs]           [tracefs]
[securityfs]        [sockfs]           [pipefs]            [devpts]
ext3                ext2               ext4                [hugetlbfs]
[autofs]            [pstore]           [mqueue]            [rpc_pipefs]
[nfsd]              fuseblk            [fuse]              [fusectl]
[binfmt_misc]


$
```

위 결과를 보면 커널 모듈 정보, 문자/블록 장치 정보, 파일 시스템 정보 등을 볼 수 있다.

## CHAPTER 10

시스템 구성 정보 및
현황 검색

10.1 운영체제 정보(uname: unix name)

```
NAME
        uname-    print system information

SYNOPSIS
        uname    [OPTION]...
```

uname 명령은 운영체제와 시스템에 대한 정보를 출력한다.

옵션	설명
-a, --all	운영체제와 커널 컴파일 정보 등을 출력
-s, --kernel-name	커널 이름을 출력
-n, --nodename	호스트 네임 출력
-r, --kernel-release	커널 릴리즈 출력
-v, --kernel-version	커널 버전 출력
-m, --machine	하드웨어 이름 출력
-p, --processor	프로세서 타입 출력
-i, --hardware-platform	하드웨어 플랫폼 출력
-o, --operating-system	운영체제 출력

다음은 uname 명령으로 다양한 형식으로 시스템 정보를 검색한 결과다.

```
$ uname -a
Linux linux 4.1.5-100.fc21.i686 #1 SMP Tue Aug 11 01:00:15 UTC 2015 i686
i686 i386 GNU/Linux

$ uname -s
Linux

$ uname -r
4.1.5-100.fc21.i686
```

```
$ uname -v
#1 SMP Tue Aug 11 01:00:15 UTC 2015

$ uname -m
i686

$ uname -o
GNU/Linux
```

위 결과를 보면 현재 시스템의 운영체제는 GNU/Linux, 커널 릴리즈는 4.1.5-100.fc21.i686 로 페도라 코어 21을 사용하고, 하드웨어는 i686로 intel 계열임을 알 수 있다.

10.2 CPU 정보(lscpu: list CPU)

```
NAME
        lscpu - display information about the CPU architecture

SYNOPSIS
        lscpu [-a|-b|-c|-J] [-x] [-y] [-s directory] [-e[=list]|-p[=list]]
```

lscpu 명령은 CPU 구조에 대한 정보를 출력한다. **'/proc/cpuinfo'** 파일을 참조해서 정보 를 추출해서 출력한다.

❶ 다음은 lscpu 명령으로 CPU 정보를 출력한 화면이다.

```
$ lscpu
Architecture:          i686
CPU op-mode(s):        32-bit, 64-bit
Byte Order:            Little Endian
CPU(s):                4
On-line CPU(s) list:   0-3
Thread(s) per core:    2
```

```
Core(s) per socket:    2
Socket(s):             1
Vendor ID:             GenuineIntel
CPU family:            6
Model:                 37
Model name:            Intel(R) Core(TM) i3 CPU        530   @ 2.93GHz
Stepping:              2
CPU MHz:               1330.000
CPU max MHz:           2926.0000
CPU min MHz:           1197.0000
BogoMIPS:              5866.36
Virtualization:        VT-x
```

위 화면을 보면 CPU에 대한 구조, 제조자, 모델명, 코어 수, 동작 주파수, 가상화 방식 등의 자세한 정보를 볼 수 있다.

❷ 참고로 다음은 '**/proc/cpuinfo**' 파일의 내용을 일부 출력한 것이다.

```
$ more /proc/cpuinfo
processor       : 0
vendor_id       : GenuineIntel
cpu family      : 6
model           : 37
model name      : Intel(R) Core(TM) i3 CPU        530   @ 2.93GHz
stepping        : 2
microcode       : 0xe
cpu MHz: 1197.000
cache size      : 4096 KB
physical id     : 0
siblings        : 4
core id: 0
cpu cores       : 2
...생략
```

위 화면을 보면 lscpu 명령의 결과가 이 파일의 내용을 추출해서 출력한 것임을 알 수 있다.

10.3 설치된 하드웨어 장치 목록 (lsdev: list devices)

```
NAME
        lsdev-      display information about installed hardware

SYNOPSIS
        lsdev
```

lsdev 명령은 설치된 하드웨어에 대한 입출력 포트와 IRQ 값 등의 정보를 출력한다.

다음은 'lsdev' 명령의 실행 결과를 일부분 출력한 내용이다.

```
$ lsdev
Device          DMA    IRQ  I/O Ports
------------------------------------------------
0000:00:1a.0                 ff00-ff1f
...생략
dma                          0080-008f
dma1                         0000-001f
gpio_ich                     0480-04ff 0480-04af 04b0-04bf 04c0-04cf
...생략
keyboard                     0060-0060 0064-0064
mei_me                 26
nvkm                   27
r8169                        ce00-ceff
rtc0                    8    0070-0073
serial                       03f8-03ff
snd_hda_intel          28
timer                   0
timer0                       0040-0043
...생략
uhci_hcd:usb3          16
uhci_hcd:usb4          21
vga+                         03c0-03df
...생략
```

위 결과를 보면 DMA, GPIO, 키보드, 타이머, USB, VGA 등 설치된 하드웨어에 대한 정보를 알 수 있다.

10.4 블록 디바이스 목록(lsblk)

```
NAME
      lsblk - list block devices

SYNOPSIS
      lsblk [options] [device...]
```

lsblk 명령은 블록 디바이스에 대한 정보를 보여준다.

옵션	설명
-a, --all	비어있는 디바이스에 대한 정보도 포함해서 표시
-f, --fs	파일 시스템에 대한 정보 표시
-i, --ascii	트리 형태로 표시
-l, --list	리스트 형태로 표시
-O, --output-all	가용한 모든 항목을 표시
-p, --paths	디바이스 전체 경로 표시

다음은 lsblk -p 명령으로 블록 디바이스 정보를 출력한 결과다.

```
$ lsblk -p
NAME                        MAJ:MIN RM   SIZE RO TYPE MOUNTPOINT
/dev/sda                        8:0    0 596.2G  0 disk
├─/dev/sda1                     8:1    0   100M  0 part
├─/dev/sda2                     8:2    0   235G  0 part
├─/dev/sda3                     8:3    0   500M  0 part /boot
├─/dev/sda4                     8:4    0     1K  0 part
└─/dev/sda5                     8:5    0 353.8G  0 part
  ├─/dev/mapper/fedora-swap 253:0    0   3.8G  0 lvm  [SWAP]
```

```
  ├─/dev/mapper/fedora-root 253:1     0    50G  0 lvm  /
  └─/dev/mapper/fedora-home 253:2     0   300G  0 lvm  /home
/dev/sr0                     11:0     1  1024M  0 rom
$
```

위 결과를 보면 하드 디스크의 파티션 정보와 CD-ROM 장치에 대한 정보를 알 수 있다.

10.5 SATA/IDE 장치의 파라미터 보기(hdparm)

```
NAME
        hdparm - get/set SATA/IDE device parameters

SYNOPSIS
        hdparm [options] [device ...]
```

hdparam 명령은 SATA/IDE 장치에 대한 상세한 파라미터 정보를 보여준다.

옵션	설명
-I	장치에 대한 상세한 정보 출력
-g	장치의 지오메트리(geometry) 정보 출력

다음은 hdparm 명령으로 하드 디스크에 대한 자세한 정보를 출력한 결과다.

```
# hdparm -I /dev/sda

/dev/sda:

ATA device, with non-removable media
        Model Number:       SAMSUNG HD642JJ
        Serial Number:      S1UJJ1NS100098
        Firmware Revision:  1AA01113
Standards:
```

```
         Used: ATA-8-ACS revision 3b
         Supported: 7 6 5 4
Configuration:
         Logical         max      current
         cylinders       16383    16383
         heads           16       16
         sectors/track   63       63
         --
         CHS current addressable sectors:   16514064
         LBA    user addressable sectors:   268435455
         LBA48  user addressable sectors: 1250263728
         Logical/Physical Sector size:              512 bytes
         device size with M = 1024*1024:      610480 MBytes
         device size with M = 1000*1000:      640135 MBytes (640 GB)
         cache/buffer size  = 16384 KBytes (type=DualPortCache)
Capabilities:
         LBA, IORDY(can be disabled)
         Queue depth: 32
         Standby timer values: spec'd by Standard, no device specific minimum
         R/W multiple sector transfer: Max = 16       Current = 16
         Advanced power management level: disabled
         DMA: mdma0 mdma1 mdma2 udma0 udma1 udma2 udma3 udma4 udma5 *udma6 udma7
              Cycle time: min=120ns recommended=120ns
         PIO: pio0 pio1 pio2 pio3 pio4
              Cycle time: no flow control=120ns  IORDY flow control=120ns
Commands/features:
         Enabled  Supported:
                  SMART feature set
                  Security Mode feature set
             *    Power Management feature set
             *    NOP cmd
             *    DOWNLOAD_MICROCODE
...생략
                  DMA Setup Auto-Activate optimization
                  Device-initiated interface power management
             *    SCT Error Recovery Control (AC3)
             *    SCT Features Control (AC4)
             *    SCT Data Tables (AC5)
```

```
Security:
        Master password revision code = 65534
                supported
...생략
Logical Unit WWN Device Identifier: 50000f0000dbc430
        NAA                 : 5
        IEEE OUI : 0000f0
        Unique ID: 000dbc430
Checksum: correct
#
```

위 결과를 보면 하드디스크의 모델명, 펌웨어 버전, 실린더 수, 헤드 수, 섹터 수 등 자세한 정보를 알 수 있다.

10.6 커널 모듈 목록 보기(lsmod : list modules)

```
NAME
        lsmod - Show the status of modules in the Linux Kernel

SYNOPSIS
        lsmod
```

lsmod 명령은 커널에 있는 모듈의 정보를 보여준다. **'/proc/modules'** 파일의 내용을 분석해서 보여주는 명령이다.

다음은 lsmod 명령으로 모듈 정보를 일부분 출력한 결과다.

```
$ lsmod
Module                Size  Used by
binfmt_misc          20480  1
bnep                 20480  2
bluetooth           434176  5 bnep
...생략
```

```
snd_seq                  57344  0
snd_seq_device           16384  1 snd_seq
snd_pcm                  98304  3
snd_hda_codec,snd_hda_intel,snd_hda_controller
wmi                      20480  2 mxm_wmi,nouveau
kvm_intel               151552  0
video                    20480  1 nouveau
kvm                     425984  1 kvm_intel
gpio_ich                 16384  0
drm                     274432  6 ttm,drm_kms_helper,nouveau
i2c_i801                 20480  0
r8169                    77824  0
pata_acpi                16384  0
serio_raw                16384  0
pata_it8213              16384  0
...생략
```

10.7 커널 모듈의 상세 정보(modinfo : module information)

```
NAME
        modinfo - Show information about a Linux Kernel module

SYNOPSIS
        modinfo [-0] [-F field] [-k kernel] [modulename¦filename...]
```

modinfo 명령은 커널에 있는 모듈 대한 상세한 정보를 보여준다. 위 lsmod 에서 보여준 모듈에 대해서 자세한 정보를 확인할 때 사용한다.

다음은 modinfo 명령으로 모듈 'r8169' 정보를 상세히 출력한 결과다.

```
$ modinfo r8169
filename:
/lib/modules/4.1.5-100.fc21.i686/kernel/drivers/net/ethernet/realtek/r8169.ko.xz
firmware:       rtl_nic/rtl8107e-2.fw
```

```
...생략
version:          2.3LK-NAPI
license:          GPL
description:      RealTek RTL-8169 Gigabit Ethernet driver
author:           Realtek and the Linux r8169 crew <netdev@vger.kernel.org>
srcversion:       091FCE3D62825063674E8FF
alias:            pci:v00000001d00008168sv*sd00002410bc*sc*i*
alias:            pci:v00001737d00001032sv*sd00000024bc*sc*i*
...생략
vermagic:         4.1.5-100.fc21.i686 SMP mod_unload 686
signer:           Fedora kernel signing key
parm:             use_dac:Enable PCI DAC. Unsafe on 32 bit PCI slot. (int)
parm:             debug:Debug verbosity level (0=none, ..., 16=all) (int)
...생략
```

10.8 디스크 파티션 정보

10.8.1 parted 명령으로 파티션 정보 보기

```
NAME
        parted - a partition manipulation program

SYNOPSIS
        parted [options] [device [command [options...]...]]
```

parted 명령은 디스크 파티션을 관리하는 툴이다. 현재 파티션 상태를 보거나, 파티션을 생성, 삭제, 크기 조절 등의 작업을 할 때 사용된다. 파티션 테이블 형식이 MBR(MS-DOS)와 GPT타입 모두를 지원한다. gparted 명령은 parted의 GUI 버전이다. 상세한 것은 매뉴얼을 참조하기 바란다.

옵션	설명
-l, --list	모든 블록 디바이스의 파티션 정보를 출력
-a, --align *type*	새로 생성된 파티션의 얼라인먼트 타입(alignment-type)을 지정 cylinder: 실린더에 맞춤 minimal: 디스크 토폴로지 정보에 따라 물리적 블록에 맞춤. 디폴트 optimal: 물리적 블록 크기의 배수에 맞춤

다음은 parted 명령으로 블록 디바이스의 파티션 정보를 출력한 결과다.

```
# parted -l
Model: ATA SAMSUNG HD642JJ (scsi)
Disk /dev/sda: 640GB
Sector size (logical/physical): 512B/512B
Partition Table: msdos
Disk Flags:

Number  Start   End     Size    Type      File system  Flags
 1      1049kB  106MB   105MB   primary   ntfs         boot
 2      106MB   252GB   252GB   primary   ntfs
 3      252GB   253GB   524MB   primary   ext4
 4      253GB   640GB   387GB   extended
 5      253GB   633GB   380GB   logical                lvm
#
```

위 결과를 보면 640G 하드디스크가 5개의 파티션으로 구성되어 있는 것을 알 수 있다. 파티션 1,2는 ntfs 파일 시스템으로 포맷되어 윈도우 시스템용으로 사용되고 있고, 파티션 3,4,5는 리눅스 시스템용으로 사용되고 있음을 알 수 있다.

10.8.2 fdisk 명령으로 파티션 정보 보기

```
NAME
        fdisk - manipulate disk partition table

SYNOPSIS
        fdisk [options] device
        fdisk -l [device...]
```

fdisk 명령은 파티션 테이블을 생성하거나 관리하는 대화식 프로그램이다. 파티션 테이블 형식이 MS-DOS(MBR), GPT, Sun, SGI, BSD 타입 모두를 지원한다. 명령 실행 시 **'/proc/partitions'** 파일을 참조한다. 상세한 것은 매뉴얼을 참조하기 바란다.

옵션	설명
-l, --list	모든 블록 디바이스의 파티션 정보를 출력
-h, --help	도움말 보기

다음은 fdisk 명령으로 블록 디바이스의 파티션 정보를 출력한 결과다.

```
# fdisk -l

Disk /dev/sda: 596.2 GiB, 640135028736 bytes, 1250263728 sectors
Units: sectors of 1 * 512 = 512 bytes
Sector size (logical/physical): 512 bytes / 512 bytes
I/O size (minimum/optimal): 512 bytes / 512 bytes
Disklabel type: dos
Disk identifier: 0x8c073048


Device     Boot     Start        End     Sectors   Size Id Type
/dev/sda1  *         2048     206847      204800   100M  7 HPFS/NT
/dev/sda2          206848  493017087   492810240   235G  7 HPFS/NT
/dev/sda3       493017088  494041087     1024000   500M 83 Linux
/dev/sda4       494041088 1250263039   756221952 360.6G  5 Extended
/dev/sda5       494043136 1235927039   741883904 353.8G 8e Linux LVM
```

```
Disk /dev/mapper/fedora-swap: 3.8 GiB, 4026531840 bytes, 7864320 sectors
Units: sectors of 1 * 512 = 512 bytes
Sector size (logical/physical): 512 bytes / 512 bytes
I/O size (minimum/optimal): 512 bytes / 512 bytes
Disk /dev/mapper/fedora-root: 50 GiB, 53687091200 bytes, 104857600 sectors
Units: sectors of 1 * 512 = 512 bytes
Sector size (logical/physical): 512 bytes / 512 bytes
I/O size (minimum/optimal): 512 bytes / 512 bytes
Disk /dev/mapper/fedora-home: 300 GiB, 322122547200 bytes, 629145600 sectors
Units: sectors of 1 * 512 = 512 bytes
Sector size (logical/physical): 512 bytes / 512 bytes
I/O size (minimum/optimal): 512 bytes / 512 bytes
#
```

위 결과를 보면 /dev/sda 하드디스크가 5개의 파티션으로 구성되어 있는 것을 알 수 있다. 파티션 /dev/sda1, /dev/sda2는 윈도우 시스템용으로 사용되고 있고, 파티션 /dev/sda3, /dev/sda4, /dev/sda5는 리눅스 시스템용으로 사용되고 있음을 알 수 있다.

CHAPTER 11

CPU, I/O, 메모리 사용 통계

11.1 CPU 및 I/O 통계 보기(iostat: CPU and I/O statistics)

```
NAME
      iostat - Report Central Processing Unit (CPU) statistics and
            input/output statistics for devices and partitions.
SYNOPSIS
      iostat   [ -c ] [ -d ] [ -h ] [ -k ¦ -m ] [ -N ] [ -s ] [ -t ] [ -V ]
             [ -x ] [ -y ] [ -z ] [ -j { ID ¦ LABEL ¦ PATH ¦ UUID ¦ ... } ]
             [ -o JSON ] [ [ -H ] -g group_name ] [ --human ]
             [ -p [ device [,...] ¦ ALL ] ] [ device [...] ¦ ALL ]
             [ interval [ count ] ]
```

iostat 명령은 CPU 사용률과 I/O 장치 사용도에 대한 통계를 보여준다. 이 명령은 **/proc/stat (시스템 통계), /proc/uptime, /proc/diskstats (디스크 통계), /sys (블럭 디바이스 통계), /proc/self/mountstats (네트워크 파일시스템 통계), /dev/disk (디바이스 이름)** 파일을 파싱해서 정보를 출력한다.

옵션	설명
-c	CPU 사용률 표시
-d	디바이스 사용률 표시
-g group_name	디바이스 그룹에 대한 통계 표시
-h	읽기 쉽게 디바이스 사용도 표시
-k	초당 킬로바이트 단위로 표시
-m	초당 메가바이트 단위로 표시
-o JSON	JSON(JavaScript Object Notation) 형식으로 표시
-N	등록된 디바이스 맵퍼(mapper) 이름 표시. LVM2 통계 표시
-p [device,... ¦ ALL]	블록 디바이스와 파티션 정보 표시
-t	시간 표시

❶ iostat 명령으로 CPU와 디바이스 사용도에 대한 정보를 검색해보자.

```
$ iostat
Linux 4.1.5-100.fc21.i686 (linux)          2017년 07월 19일 _i686_   (4 CPU)

avg-cpu:  %user   %nice %system %iowait  %steal   %idle
          0.02    0.00    0.04    0.02    0.00   99.92

Device:            tps    kB_read/s    kB_wrtn/s    kB_read    kB_wrtn
sda               0.33         6.23         7.64    4533158    5561464
dm-0              0.02         0.01         0.08       6032      58968
dm-1              0.38         2.03         7.56    1479289    5499784
dm-2              0.05         4.18         0.00    3042100       2680
$
```

다음은 iostat 결과에 표시된 항목에 대한 설명이다.

분류	항목	설명
CPU	%user	사용자 레벨에서 실행된 CPU 사용률(%) (user time)
	%nice	nice 우선순위로 사용자 레벨에서 실행된 CPU 사용률(%)
	%system	커널 레벨에서 실행된 CPU 사용률(%)
	%iowait	I/O 요구로 인한 CPU 대기 시간 (%)
	%steal	하이퍼바이저 가상기계(VM)로 인해 소비된 시간 (%)
	%idle	단순 CPU 유휴시간 (%)
Device	tps	초당 전송 횟수. 즉, 초당 I/O 요구수
	kB_read/s	초당 킬로바이트 단위의 읽기 수
	kB_wrtn/s	초당 킬로바이트 단위의 쓰기 수
	kB_read	킬로바이트 단위의 읽기 수
	kB_wrtn	킬로바이트 단위의 쓰기 수

❷ **'iostat –c 3 5'** 명령으로 CPU 사용도에 대한 정보를 3초 간격으로 5번 측정해보자.

```
$ iostat -c 3 5
Linux 4.1.5-100.fc21.i686 (linux)     2017년 07월 19일     _i686_    (4 CPU)

avg-cpu:  %user   %nice %system %iowait  %steal   %idle
           0.02    0.00    0.04    0.02    0.00   99.92

avg-cpu:  %user   %nice %system %iowait  %steal   %idle
           0.00    0.00    0.00    0.00    0.00  100.00
...생략
$
```

위 결과를 보면 CPU 사용도가 현재 99.92% 이상 유휴(idle) 상태인 것을 알 수 있다.

❸ **'iostat –p –d –m 3 5'** 명령으로 디바이스의 사용도를 파티션 레벨까지 메가바이트 단위로 3초 간격으로 5번 측정한 정보를 검색해보자.

```
$ iostat -p -d -m 3 5
Linux 4.1.5-100.fc21.i686 (linux)        2017년 07월 19일 _i686_   (4 CPU)

Device:           tps    MB_read/s    MB_wrtn/s    MB_read    MB_wrtn
sda              0.33       0.01         0.01         4426       5432
sda1             0.00       0.00         0.00            0          0
sda2             0.00       0.00         0.00            0          0
sda3             0.00       0.00         0.00            2          0
sda4             0.00       0.00         0.00            0          0
sda5             0.30       0.01         0.01         4421       5432
dm-0             0.02       0.00         0.00            5         57
dm-1             0.38       0.00         0.01         1444       5371
dm-2             0.05       0.00         0.00         2970          2
... 생략
```

위 결과를 보면 sda5 파티션에 대한 디스크 읽기/쓰기 작업에 주로 실행된 것을 볼 수 있다.

11.2 시스템 메모리 통계 정보(free)

```
NAME
        free-    Display amount of free and used memory in the system

SYNOPSIS
        free     [-b ¦ -k ¦-m] [-o] [-s delay] [-t] [-V]
```

free 명령은 시스템 메모리의 상태를 출력한다. 물리적 메모리와 스왑 메모리의 사용 및
자유 공간 크기뿐만 아니라 커널이 사용하는 버퍼와 캐쉬에 대한 정보도 출력한다. 정보
는 **'/proc/meminfo'** 파일을 파싱해서 출력한 것이다.

옵션	설명
-k, --kilo	킬로바이트(kilobyte) 단위로 출력, 디폴트 값
-m, --mega	메가바이트(megabyte) 단위로 출력
-g, --giga	기가바이트 단위로 출력
-h, --human	단위를 표시. B:바이트, K:킬로, M:메가, G:기가, T:테라, P:페타
-s, --seconds delay	지정한 지연 간격으로 계속 메모리 상태 출력
-c, --count count	지정한 수만큼 반복해서 출력
-t, --total	컬럼 합을 출력
-l, --lohi	메모리 로우(low), 하이(high) 통계 출력

❶ 다음은 free 명령으로 시스템 메모리 상태 정보를 출력한 화면이다.

```
$ free -h
              total        used        free      shared  buff/cache   available
Mem:           1.9G        431M        101M        1.0M        1.4G        1.4G
Swap:          3.7G         55M        3.7G


$ free -mt
              total        used        free      shared  buff/cache   available
Mem:           1947         431          98           1        1418        1477
Swap:          3839          55        3784
```

```
Total:         5787          486          3882


$ free -mt -c 2 -s 10
               total         used         free     shared  buff/cache   available
Mem:           1947          434           94          1        1418        1473
Swap:          3839           55         3784
Total:         5787          490         3879

               total         used         free     shared  buff/cache   available
Mem:           1947          434           94          1        1418        1473
Swap:          3839           55         3784
Total:         5787          490         3879
$
```

위 화면을 보면 전체 물리 메모리는 1.9G이고, 스왑 영역은 3.7G이고, 현재 메모리는 431M를 사용하고 있고, 101M가 자유 공간으로 있고, 1.0M는 공유 메모리로 사용되고, 1.4G는 커널 버퍼와 페이지 캐쉬와 슬랩(slab)으로 사용되고, 마지막 1.4G의 가용 공간은 새 응용 프로그램이 시작될 때 스와핑(swapping)없이 사용될 수 있는 메모리 공간으로 버퍼와 캐쉬 공간을 고려한 값이다.

'**free −mt −c 2 −s 10**' 명령은 메모리 측정을 10초 간격으로 2번해서 메가바이트 단위로 컬럼 합계를 출력한 결과다. 메모리 사용 변화가 없는 것은 측정 시점에 시스템 사용 부하가 변하지 않았기 때문이다.

참고로 free 명령의 결과는 top 명령의 출력 결과에서 상단에 표시되는 Mem과 Swap라인의 내용과 같은 결과임을 알 수 있다.

❷ 다음은 '**/proc/meminfo**' 파일의 내용을 출력한 화면이다.

```
$ more /proc/meminfo
MemTotal:        1994696 kB
MemFree:           96780 kB
MemAvailable:    1508952 kB
Buffers:          184600 kB
Cached:          1040584 kB
```

```
SwapCached:          3524 kB
Active:            924532 kB
Inactive:          684284 kB
Active(anon):      152244 kB
Inactive(anon):    232480 kB
Active(file):      772288 kB
Inactive(file):    451804 kB
Unevictable:            0 kB
Mlocked:                0 kB
HighTotal:        1122184 kB
HighFree:           53800 kB
LowTotal:          872512 kB
LowFree:            42980 kB
SwapTotal:        3932156 kB
SwapFree:         3875008 kB
...생략
```

위 내용을 보면, free 명령이 '**/proc/meminfo**' 파일을 분석해서 결과를 화면에 표시한 것을 확인할 수 있다. free 명령에서 표시하지 않은 내용으로 Active, Inactive 등의 정보가 더 있음을 알 수 있다.

11.3 가상 메모리 통계 검색(vmstat: virtual memory statistics)

```
NAME
       vmstat - Report virtual memory statistics

SYNOPSIS
       vmstat [options] [delay [count]]
```

vmstat 명령은 프로세스, 메모리, 페이징, 블록 I/O, 슬랩, 디스크, CPU 활동에 대한 정보를 출력한다. 이 명령은 **/proc/meminfo, /proc/stat, /proc/*/stat** 파일을 파싱해서 정보를 추출해서 출력한다.

옵션	설명
delay	초 단위 업데이트 간격. 지정 안하면 부팅 후 평균값을 출력함
count	업데이트 횟수. 지정 안하고, *delay* 값만 주어지면, 디폴트로 무한 값을 가짐
-a, --active	활성(active), 비활성(inactive) 메모리 표시
-f, --forks	부팅 후 포크(fork)한 횟수. fork, vfork, clone 시스템 호출 포함. 즉, 생성된 전체 태스크 수를 의미함. 각 프로세스는 쓰레드 사용에 따라 하나 이상의 태스크로 구성됨
-m, --slabs	슬랩 정보를 표시
-n, --one-header	헤더를 주기적으로 표시하지 않고 한번만 표시
-s, --stats	여러 이벤트 발생 횟수와 메모리 통계 표시
-d, --disk	디스크 통계 표시
-D, --disk-sum	디스크 활동에 대한 요약 통계 표시
-p, --partition *device*	디스 파티션에 대한 상세 통계 표시
-S, --unit *character*	표시 단위를 지정. k(1000), K(1024), m(1000000), M(1048576) 바이트를 의미함
-t, --timestamp	각 라인에 타임스탬프 표시

❶ 다음은 vmstat 명령으로 메가바이트 단위로 가상 메모리 통계를 출력한 결과다.

```
$ vmstat -S M
procs -----------memory---------- ---swap-- -----io---- -system-- ------cpu-----
 r  b   swpd   free   buff  cache   si   so    bi    bo   in   cs us sy id wa st
 0  0     55     97    180   1234    0    0     2     2    2   14  0  0 100  0  0


$ vmstat -S M -n 2 10
procs -----------memory---------- ---swap-- -----io---- -system-- ------cpu-----
 r  b   swpd   free   buff  cache   si   so    bi    bo   in   cs us sy id wa st
 1  0     55     97    180   1234    0    0     2     2    2   14  0  0 100  0  0
 0  0     55     97    180   1234    0    0     0     0   92  256  0  0 100  0  0
...생략
 1  0     55     97    180   1234    0    0     0     0   61  174  0  0 100  0  0
 0  0     55     97    180   1234    0    0     0     0   58  111  0  0 100  0  0
 0  0     55     97    180   1234    0    0     0     0   66  191  0  0 100  0  0
 0  0     55     97    180   1234    0    0     0     0   67  180  0  0 100  0  0
```

```
   0  0     55    97    180   1234   0   0   0    0   54  100  0  0 100  0  0
$ vmstat -S M -s
          1947 M total memory
           434 M used memory
           896 M active memory
           668 M inactive memory
            97 M free memory
           180 M buffer memory
          1234 M swap cache
          3839 M total swap
   ... 생략
         38193 system cpu ticks
     286424165 idle cpu ticks
         55642 IO-wait cpu ticks
         36335 IRQ cpu ticks
         30940 softirq cpu ticks
             0 stolen cpu ticks
       4533154 pages paged in
       5556616 pages paged out
          1207 pages swapped in
         14742 pages swapped out
      49270910 interrupts
      83714301 CPU context switches
    1499738076 boot time
         26633 forks
$
```

위 화면은 vmstat 명령으로 메가바이트 단위로 통계 결과를 표시한 결과다. 옵션 **'-S M'**
은 메카바이트 단위로 표시한다. 옵션 **'-n 2 10'**은 헤더를 한번 표시하고 2초 간격으로
10번 측정 결과를 표시한다. 옵션 **'-s'** 는 이벤트 발생 횟수도 포함해서 통계를 표시한다.

다음은 vmstat 결과에 표시된 항목에 대한 설명이다.

분류	항목	설명
Procs	r	실행 가능한 프로세스 수. 실행 중(running) 또는 실행대기(waiting)
	b	인터럽트 불가능 슬립(uninterruptible sleep)상태의 프로세스 수
Memory	swpd	사용된 가상 메모리 크기
	free	자유 메모리 크기
	buff	버퍼로 사용된 메모리 크기
	cache	캐쉬로 사용된 메모리 크기
	inact	비활성 메모리 크기
	active	활성 메모리 크기
Swap	si	디스크로부터 스왑인(swapped in)된 메모리 크기. 초당(/sec)
	so	디스크로 스왑아웃(swapped out)된 메모리 크기. 초당(/sec)
I/O	bi	블록 디바이스로부터 읽혀진 블록 수. 초당 블록 수 (blocks/sec)
	bo	블록 디바이스로 쓰여진 블록 수. 초당 블록 수 (blocks/sec)
System	in	초당 발생한 인터럽트 수. 클럭 인터럽트 포함
	cs	초당 문맥교환(context switch) 수
CPU	us	비-커널 코드 실행시간. 사용자 시간. (user time)
	sy	커널 코드 실행 시간. 시스템 시간(system time)
	id	유휴 시간(idle time). 리눅스 2.5.41이전에는 I/O 대기 시간 포함
	wa	I/O 대기 시간. 리눅스 2.5.41이전에는 유휴시간 포함
	st	가상기계(VM)에 소비된 시간

❷ 다음은 **'vmstat –m'** 명령으로 슬랩 정보를 출력한 결과다.

```
$ sudo su -
암호:

# vmstat -m
Cache                    Num   Total   Size   Pages
fuse_request             116    116    280     29
fuse_inode                72     72    448     36
nf_conntrack_f0118000      0      0    248     33
nf_conntrack_c0da6800    825    825    248     33
nf_conntrack_expect        0      0    184     22
...생략
```

```
ext4_inode_cache          64060   64150    648    25
ext4_allocation_context     195     195    104    39
ext4_prealloc_space         224     224     72    56
ext4_io_end                1020    1020     40   102
ext4_extent_status         9847   13824     32   128
...생략
file_lock_cache             136     136    120    34
net_namespace                20      20   3136    10
shmem_inode_cache          1603    1760    368    22
taskstats                    96      96    328    24
proc_inode_cache          17017   17050    360    22
sigqueue                    112     112    144    28
bdev_cache                  128     128    512    32
...생략
vm_area_struct            26772   26772     88    46
signal_cache                391     391    704    23
sighand_cache               312     312   1344    24
task_struct                 467     528   1360    24
...생략
dma-kmalloc-8192              0       0   8192     4
dma-kmalloc-4096              0       0   4096     8
dma-kmalloc-2048              0       0   2048    16
dma-kmalloc-1024              0       0   1024    32
...생략
kmalloc-8192                 44      44   8192     4
kmalloc-4096                140     208   4096     8
kmalloc-2048                302     336   2048    16
kmalloc-1024               1041    1248   1024    32
...생략
kmem_cache_node             512     512     32   128
kmem_cache                  168     168    192    21
#
```

위 화면은 '**vmstat -m**' 명령으로 슬랩 정보를 자세히 출력한 결과로 슈퍼유저인 **root**만
이 볼 수 있으므로 '**su**' 명령으로 사용자 대체를 해서 실행해야 한다. 이 정보는
'**/proc/slabinfo**' 파일의 내용을 파싱해서 출력한 결과다.

■ 슬랩(slab) 할당

슬랩 할당자(slab allocator)란 커널에서 사용되는 객체(object)를 위해 메모리를 할당하고 반환할 때 사용하는 **메모리 관리자**로, 메모리 할당단위를 **슬랩(slab)**이라고 한다. 슬랩 할당 방법에서는 메모리를 캐쉬, 슬랩, 객체의 계층적인 구조로 구성한다. 즉, 하나의 캐쉬는 여러 개의 슬랩으로 구성되고, 한 슬랩은 여러 개의 같은 크기의 객체로 구성된다. 구체적인 슬랩 할당에 대한 이론은 리눅스 운영체제 책을 참조하기 바란다. (https://www.kernel.org/doc/gorman/html/understand/understand011.html)

❸ 참고로 다음은 **'slabtop -o'** 명령으로 슬랩 정보를 출력한 결과다.

```
# slabtop -o
 Active / Total Objects (% used)    : 1614499 / 1625337 (99.3%)
 Active / Total Slabs (% used)      : 45799 / 45799 (100.0%)
 Active / Total Caches (% used)     : 76 / 101 (75.2%)
 Active / Total Size (% used)       : 226828.39K / 228745.65K (99.2%)
 Minimum / Average / Maximum Object : 0.01K / 0.14K / 14.19K


   OBJS ACTIVE  USE OBJ SIZE   SLABS OBJ/SLAB CACHE SIZE NAME
1133504 1133504 100%  0.12K   35422      32   141688K dentry
 192282 192282 100%   0.05K    2634      73    10536K buffer_head
  64150  64060  99%   0.63K    2566      25    41056K ext4_inode_cache
  31104  30144  96%   0.03K     243     128      972K kmalloc-32
  27048  27048 100%   0.09K     588      46     2352K vm_area_struct
  21560  21560 100%   0.07K     385      56     1540K kernfs_node_cache
  17186  17118  99%   0.30K     661      26     5288K radix_tree_node
  17072  16986  99%   0.35K     776      22     6208K proc_inode_cache
  15470  15470 100%   0.05K     182      85      728K ftrace_event_file
  13940  13673  98%   0.05K     164      85      656K anon_vma
  13824   9847  71%   0.03K     108     128      432K ext4_extent_status
  11784  10638  90%   0.32K     491      24     3928K inode_cache
   8253   7568  91%   0.19K     393      21     1572K kmalloc-192
   7296   7243  99%   0.06K     114      64      456K kmalloc-64
   6656   6656 100%   0.01K      13     512       52K kmalloc-8
   6400   6400 100%   0.02K      25     256      100K kmalloc-16
```

```
 6112   3504  57%   0.12K   191    32      764K kmalloc-128
 5610   5610 100%   0.02K    33   170      132K Acpi-Namespace
 3276   3276 100%   0.09K    78    42      312K kmalloc-96
 2844   2844 100%   0.11K    79    36      316K ext4_groupinfo_4k
 1760   1595  90%   0.50K    55    32      880K kmalloc-512
 1760   1603  91%   0.36K    80    22      640K shmem_inode_cache
 1600   1600 100%   0.06K    25    64      100K jbd2_journal_head
 1248   1041  83%   1.00K    39    32     1248K kmalloc-1024
#
```

위 결과를 보면 다양한 슬랩이 커널 내에 존재하고, 현재 사용도가 표시된 것을 볼 수 있다.

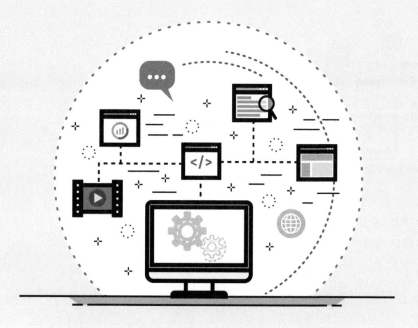

CHAPTER 12

디스크 사용량 통계

12.1 파일시스템의 디스크 사용량(df: disk free)

```
NAME
      df-     report filesystem disk space usage

SYNOPSIS
      df      [OPTION]...[FILE]...
```

df 명령은 하드 디스크의 전체 용량, 사용량, 남은 용량을 볼 때 사용한다.

옵션	설명
-a, --all	의사(pseudo), 복사(duplicate), 액세스 불가(inaccessible) 파일 시스템 포함
-B, --block-size=SIZE	지정한 SIZE 단위로 용량을 표시. SIZE가 K:킬로바이트, M:메가바이트, G:기가바이트
-h, --human-readable	읽기 쉽게 표시
-i, --inodes	블록 사용정보 대신 inode 사용정보 표시
-l, --local	로컬 파일 시스템만 표시
-t, --type=TYPE	지정한 TYPE의 파일 시스템에 대해 표시
-T, --print-type	파일 시스템 타입 표시
-x, --exclude-type=TYPE	지정한 TYPE을 제외한 파일 시스템에 대해 표시
--total	전체 합계를 표시

❶ 다음은 'df -h' 명령으로 파일 시스템의 사용량 정보를 출력한 결과다.

```
$ df -h
Filesystem              Size   Used  Avail  Use% Mounted on
devtmpfs                965M      0   965M   0% /dev
tmpfs                   974M   144K   974M   1% /dev/shm
tmpfs                   974M   976K   974M   1% /run
tmpfs                   974M      0   974M   0% /sys/fs/cgroup
/dev/mapper/fedora-root  50G    28G    20G  59% /
tmpfs                   974M    12K   974M   1% /tmp
/dev/sda3               477M   121M   327M  28% /boot
```

```
/dev/mapper/fedora-home  296G   38G  243G  14% /home
tmpfs                    195M   20K  195M   1% /run/user/0
tmpfs                    195M    0   195M   0% /run/user/1001
$
```

위 결과를 보면 /home 디렉터리에 구성된 파일 시스템은 296G 용량으로 현재 14%가
사용됐고, / (root) 디렉터리에 구성된 파일 시스템은 50G 용량으로 현재 59%가 사용된
것을 알 수 있다.

❷ 다음은 'df -hT' 명령으로 파일 시스템의 사용량과 타입 정보를 출력한 결과다.

```
$ df -hT
Filesystem               Type       Size  Used Avail Use% Mounted on
devtmpfs                 devtmpfs   965M     0  965M   0% /dev
tmpfs                    tmpfs      974M  144K  974M   1% /dev/shm
tmpfs                    tmpfs      974M  976K  974M   1% /run
tmpfs                    tmpfs      974M     0  974M   0% /sys/fs/cgroup
/dev/mapper/fedora-root  ext4        50G   28G   20G  59% /
tmpfs                    tmpfs      974M   12K  974M   1% /tmp
/dev/sda3                ext4       477M  121M  327M  28% /boot
/dev/mapper/fedora-home  ext4       296G   38G  243G  14% /home
tmpfs                    tmpfs      195M   20K  195M   1% /run/user/0
tmpfs                    tmpfs      195M     0  195M   0% /run/user/1001
$
```

위 결과를 보면 파티션 /dev/sda3, /dev/mapper/fedora-root, /dev/mapper/fedora-home에
구성된 파일 시스템 타입이 모두 ext4 임을 알 수 있다.

❸ 다음은 'df -h -t ext4' 명령으로 ext4 타입의 파일 시스템에 대한 정보를 출력한 결과다.

```
$ df -h -t ext4
Filesystem               Size  Used Avail Use% Mounted on
/dev/mapper/fedora-root   50G   28G   20G  59% /
/dev/sda3                477M  121M  327M  28% /boot
/dev/mapper/fedora-home  296G   38G  243G  14% /home
```

위 결과를 보면 ext4 타입의 파일 시스템에 대한 정보만 출력된 것을 알 수 있다.

❹ 다음은 **'df -hi -t ext4'** 명령으로 ext4 타입의 파일 시스템에 대해 inode 사용량 정보
를 출력한 결과다.

```
$ df -hi -t ext4
Filesystem              Inodes IUsed IFree IUse% Mounted on
/dev/mapper/fedora-root   3.2M  227K  3.0M    8% /
/dev/sda3                 126K   410  125K    1% /boot
/dev/mapper/fedora-home    19M   45K   19M    1% /home
```

inode는 파일마다 하나씩 할당된다. 위 결과를 보면 /dev/mapper/fedora-home 파일시스
템은 19M 개의 inode 중에서 현재 45K가 사용돼서 1% 사용률임을 알 수 있다.

❺ 다음은 **'df -BM -t ext4'** 명령으로 ext4 타입의 파일 시스템에 대해 메가바이트 단위
로 사용량 정보를 출력한 결과다.

```
$ df -BM  -t ext4
Filesystem              1M-blocks    Used Available Use% Mounted on
/dev/mapper/fedora-root    50269M  28070M    19624M  59% /
/dev/sda3                    477M    121M      327M  28% /boot
/dev/mapper/fedora-home   302252M  38631M   248246M  14% /home
```

위 결과를 보면 /dev/mapper/fedora-home 파일시스템은 38631M가 사용돼서 현재 14%
사용률임을 알 수 있다.

❻ 다음은 **'df -BK -x ext4'** 명령으로 ext4 타입을 제외한 파일 시스템에 대해 킬로바이
트 단위로 사용량 정보를 출력한 결과다.

```
$ df -BK -x ext4
Filesystem       1K-blocks   Used Available Use% Mounted on
devtmpfs           987800K     0K   987800K   0% /dev
tmpfs              997348K   144K   997204K   1% /dev/shm
```

```
tmpfs              997348K   976K    996372K   1% /run
...생략
```

위 결과를 보면 ext4 타입이 아닌 파일시스템의 사용량에 대한 정보가 킬로바이트 단위로 출력된 것을 알 수 있다.

12.2 파일의 디스크 사용량(du: disk usage)

```
NAME
        du-       estimate file space usage

SYNOPSIS
        du     [OPTION]...[FILE]...
```

du 명령은 디렉터리와 파일들의 디스크 사용량을 출력한다.

옵션	설명
-a, --all	모든 파일에 대해 사용량 표시
-B, --block-size=SIZE	지정한 SIZE 단위로 용량을 표시. SIZE가 K:킬로바이트, M:메가바이트, G:기가바이트
-h, --human-readable	읽기 쉽게 표시
-c, --total	전체 합계를 표시
-d, --max-depth=N	지정한 서브 디렉터리 검색 깊이 N 까지만 표시
-S, --separate-dirs	서브 디렉터리 크기를 포함시키지 않음
--time	디렉터리 내에 최종 파일 내용 변경시간(modification time) 표시
--time=WORD	WORD로 지정한 시간표시. WORD는 atime, ctime, use, access, status 가능
--time-style=STYLE	시간표시 형식 지정. STYLE은 full-iso, long-iso, iso, +FORMAT가능. FORMAT은 date명령에서 사용한 형식
--inodes	블록 사용정보 대신 inode 사용정보 표시
-k	킬로바이트 단위

옵션	설명
-m	메가바이트 단위
-s, --summarize	합계 표시
-X, --exclude-from=FILE	FILE에 정의된 패턴과 일치하는 파일을 제외하고 표시
--exclude=PATTERN	PATTERN과 일치하는 파일을 제외하고 표시

❶ 다음은 '**du -ch -d 1 /home/eyha**' 명령으로 /home/eyha 디렉터리에 대해 깊이 1단계까지 디스크 사용량을 읽기 쉬운 형식으로 출력하고, 마지막에는 전체 합계를 출력한 결과다.

```
$ du -ch -d 1 /home/eyha
12K     /home/eyha/.mozilla
1.1G    /home/eyha/public_html
52K     /home/eyha/work
8.0K    /home/eyha/.ssh
20K     /home/eyha/course
16K     /home/eyha/.local
656K    /home/eyha/linux
75M     /home/eyha/node
1.2G    /home/eyha
1.2G    합계
$
```

위 결과를 보면 /home/eyha 디렉터리의 총 디스크 사용량은 1.2G 임을 알 수 있다.

❷ 다음은 '**du -ch -d 1 -S --time /home/eyha**' 명령으로 /home/eyha 디렉터리에 대해 깊이 1단계까지, 서브 디렉터리의 크기를 제외한 내부 파일의 디스크 사용량을 읽기 쉬운 형식으로 출력하고, 마지막 파일 내용 변경시간도 출력하고, 전체 합계를 출력한 결과다.

```
$ du -ch -d 1 -S --time /home/eyha
4.0K    2014-12-04 05:32 /home/eyha/.mozilla
1.7M    2016-09-12 14:15 /home/eyha/public_html
36K     2017-07-12 17:24 /home/eyha/work
...생략
44K     2017-07-19 21:37 /home/eyha
1.2G    2017-07-19 21:37 합계
$
```

위 결과를 보면, /home/eyha 디렉터리의 하위 디렉터리를 제외한 내부에 순수 파일에 대한 디스크 사용량은 44K이고, 최종 내용 변경 시간은 '2017-07-19 21:37' 이고, /home/eyha 디렉터리의 총 디스크 사용량은 1.2G 임을 알 수 있다.

❸ 다음은 **'du -ch -d 1 --time=access /home/eyha'** 명령으로 /home/eyha 디렉터리에 대해 깊이 1단계까지 디스크 사용량을 읽기 쉬운 형식으로 출력하고, 마지막 파일 접근시간도 출력하고, 전체 합계를 출력한 결과다.

```
$ du -ch -d 1 --time=access /home/eyha
12K     2017-07-20 14:26 /home/eyha/.mozilla
1.1G    2017-07-20 14:26 /home/eyha/public_html
...생략
75M     2017-07-20 14:26 /home/eyha/node
1.2G    2017-07-20 15:33 /home/eyha
1.2G    2017-07-20 15:33 합계
$
```

위 결과를 보면, /home/eyha 디렉터리의 최종 파일 접근 시간은 '2017-07-20 15:33' 임을 알 수 있다.

❹ 다음은 **'du -sch --time=atime --time-style=+%D /home/eyha'** 명령으로 /home/eyha 디렉터리의 마지막 파일 접근시간을 **'date'** 명령의 시간 표시 형식으로 다양하게 출력한 결과다.

```
$ du -sch  --time=atime --time-style=+%D /home/eyha
1.2G   07/20/17 /home/eyha
1.2G   07/20/17 합계

$ du -sch  --time=atime --time-style=+%F /home/eyha
1.2G   2017-07-20        /home/eyha
1.2G   2017-07-20        합계

$ du -sch  --time=atime --time-style=+%c /home/eyha
1.2G   2017년 07월 20일 (목) 오후 03시 33분 14초 /home/eyha
1.2G   2017년 07월 20일 (목) 오후 03시 33분 14초  합계
$
```

위의 결과를 보면 시간표시 형식에 따라 각각의 시간에 표시된 것을 알 수 있다.

■ date 명령에서 사용하는 시간 표시 형식 일부분

표시 형식을 예를 들면 다음과 같다.

• %D : %m/%d/%y 형식
• %F : %Y-%m-%d 형식
• %c : 로케일 시간 표시 형식

❺ 다음은 '**du -sch /home/eyha /var**' 명령으로 /home/eyha와 /var 디렉터리에 디스크 사
  용량을 읽기 쉬운 형식으로 출력하고, 마지막에는 전체 합계를 출력한 결과다.

```
$ du -sch /home/eyha /var 2> /dev/null
1.2G   /home/eyha
24G    /var
25G    합계
$
```

위 결과를 보면 /home/eyha와 /var 디렉터리에 디스크 사용량이 출력된 것을 알 수 있다.

■ 표준오류 리다이렉션

위 화면에서 du명령 뒤에 **'2> /dev/null'**은 디렉터리에 대한 '허가 거부'와 같은 에러 메시지를 화면에 표시하지 않고, '/dev/null' 이라는 특수 파일로 보내서 화면에 나오지 않도록 하는 **표준오류 리다이렉션** 기법이다. /dev/null 로 보내지는 내용은 모두 사라진다.

CHAPTER 13

아카이브 및
파일 압축 관리

대부분 공개된 프로그램 패키지는 압축된 형태로 배포된다. 이런 패키지를 다운로드해서 설치하기 위해서는 압축 형태에 따라 압축 및 해제 프로그램을 사용해서 압축을 해제하고, 프로그램의 설치 매뉴얼에 따라 설치해야한다. 이제 여러 가지 압축 프로그램 사용법에 대해 설명하겠다.

13.1 아카이브 관리(tar)

```
NAME
      tar-      an archiving utility

SYNOPSIS
      tar      [-][OPTION]...[FILE]...[DIRECTORY]...
```

tar 명령은 파일을 아카이브(archive)하는데 사용된다. 즉, 시스템에 파일 및 디렉터리를 백업하고 복원할 때 사용된다. 보통 tar 형식으로 배포되는 패키지들은 '**.tar**', '**.tar.gz**', '**.tgz**' 등의 확장자를 갖는다. '**.tgz**' 는 '**.tar.gz**' 의 축약어다. 자세한 내용은 매뉴얼을 참조하기 바란다.

옵션	설명
-c, --create	새로운 아카이브를 생성
-v, --verbose	처리 과정에 파일 리스트를 출력
-f, --file	지정한 아카이브 파일에 대해 명령 실행
-t, --list	해제하지 않고 아카이브의 파일 리스트를 출력
-x, --extract	아카이브에서 파일을 추출
-j, --bzip2	bzip2 방식으로 압축. '.bz2' 확장자를 사용
-z, --gzip, --gunzip, --ungzip	gzip 방식으로 압축. '.gz' 확장자를 사용
-Z, --compress, --uncompress	compress 방식으로 압축. '.Z' 확장자를 사용
-p, --preserve-permissions	파일 권한 정보를 추출. 수퍼유저 root 경우 디폴트
--same-owner	파일 소유권 그대로 추출. root 경우 디폴트

❶ 압축 아카이브 만들기

예를 들어, 현재 디렉터리 이하 모든 파일을 압축해서, 아카이브 파일 my-job.tar.gz 로 만들려면 다음과 같이 입력한다.

```
$ tar cvfz my-job.tar.gz .
```

또, '.c'와 '.txt' 확장자를 갖는 파일만 선택해서, 압축하지 않고 아카이브 파일 my-src.tar 로 만들려면 다음과 같이 입력한다.

```
$ tar cvf my-src.tar  *.c *.txt
```

❷ 압축 아카이브 해제

위에서 만든 아카이브 파일 my-job.tar.gz 파일을 해제하려면 다음과 같이 입력한다.

```
$ tar xvfz my-job.tar.gz .
```

또, my-src.tar 파일에서 '.c' 확장자를 갖는 파일만 추출하려면 다음과 같이 입력한다.

```
$ tar xvf my-src.tar.gz *.c
```

13.2 파일 압축 관리

13.2.1 gzip/gunzip/zcat 명령

```
NAME
        gzip, gunzip, zcat-        compress or expand files

SYNOPSIS
        gzip      [ -acdfhlLnNrtvV19 ] [-S suffix] [ name ... ]
        gunzip    [ -acfhlLnNrtvV ] [-S suffix] [ name ... ]
        zcat      [ -fhLV ] [ name ... ]
```

gzip 명령은 Lempel-Ziv(LZ77) 코딩 기법에 따라 압축한다. 압축된 파일의 확장자는 '.gz' 이다. gzip 명령은 원본 파일은 없어지고 압축된 파일이 생성된다.

❶ 압축 하기 (*.gz)

현재 디렉터리의 모든 파일을 각각 압축하려면 다음과 같이 입력한다.

```
$ gzip *
```

결과를 보면, 모든 파일이 '.gz' 확장자를 갖는 파일로 압축되어 있는 것을 확인할 수 있다. 예를 들어, tar 파일을 압축하려면 다음과 같이 하면 된다.

```
$ gzip  my-src.tar
```

결과를 보면, my-src.tar.gz 파일이 생성된 것을 알 수 있다. 물론, 기존 .tar 파일은 없어진다.

❷ 압축 풀기 (*.gz)

위에서 압축한 파일을 각각 해제하려면 다음과 같이 입력한다.

```
$ gunzip  *
또는
$ gzip –d *
```

❸ 압축을 풀지 않고 내용보기

압축된 상태를 해제하지 않고, 'chown.c.gz' 파일의 내용을 보려면 다음과 같이 입력한다.

```
$ ls -l chown.c.gz
-rw-r--r-- 1 eyha prof 172  7월  3 16:46 chown.c.gz
$ zcat chown.c.gz
#include <sys/types.h>
#include <unistd.h>
#include <stdio.h>

int main(int argc, char * argv[])
{
    if( chown(argv[1], 1002, 1002) == -1 )
        printf("chown error!\n");
    else
        printf("chown success.\n");
}
$
```

13.2.2 compress/uncompress 명령

```
NAME
        compress, uncompress-    compress or expand files
SYNOPSIS
        compress     [-f][-v][-c][-V][-r][-b bits][name...]

        uncompress   [-f][-v][-c][-V][name...]
```

compress 명령은 파일을 압축할 때 사용된다. 압축된 결과 파일의 확장자는 '.Z'를 사용한다.

❶ 압축 하기 (*.Z)

현재 디렉터리의 my-src.tar 파일을 압축하려면 다음 명령을 실행한다.

```
$ compress my-src.tar
```

결과를 보면 my-src.tar.Z 파일이 생성되고, 원래 파일은 없어진다.

❷ 압축 풀기 (*.Z)

위에서 압축한 my-src.tar.Z 파일의 압축을 해제하는 명령은 다음과 같다.

```
$ uncompress my-src.tar.Z
```

13.2.3 zip/unzip 명령

```
NAME
        zip, zipcloak, zipnote, zipsplit-   package and compres (archive) files
        unzip-    list, test and extract compressed files in a ZIP archive

SYNOPSIS
                   [-aABcdDeEfFghjklLmoqrRSTuvVwXyz!@$] [-b path]
        zip
                   [-n suffixes] [-t mmddyyyy] [-tt mmddyyyy]
                   [zipfile [file1 file2 ...]] [-xi list]
        zipcloak   [-dhL] [-b path] zipfile
        zipnote    [-hwL] [-b path] zipfile
        zipsplit   [-hiLpst] [-n size] [-b path] zipfile
        unzip      [-Z] [-cflptuvz[abjnoqsCLMVX$/]] file[.zip] [file(s) ...]
                   [-x xfile(s)...] [-d exdir]
```

확장자가 '.zip'인 파일은 zip명령으로 압축된 것이다. zip명령은 LINUX, WINDOWS, OSX, DOS 등의 대부분의 운영체제에서 사용되는 압축 명령이다. 자세한 내용은 매뉴얼을 참조하기 바란다.

❶ 압축 하기 (*.zip)

서브 디렉터리의 내용을 포함해서, 현재 디렉터리에 있는 모든 파일을 압축해서 'work.zip'
파일로 만들려면 다음과 같이 입력한다.

```
$ zip -r -v work.zip  *
```

또, 압축파일을 생성할 때 암호를 지정하려면 '-e' 옵션을 사용한다. 현재 디렉터리의 모
든 내용을 'encrypt.zip' 파일로 암호화해서 압축하려면 다음 명령을 입력한다.

```
$ zip -r -v -e encrypt.zip  *
```

이 명령을 실행하면 암호를 입력하라는 물음이 표시된다.

❸ 압축 풀기 (*.zip)

위에서 압축한 파일 **'encrypt.zip'**을 해제하려면 다음과 같이 명령을 실행한다.

```
$ ls -l encrypt.zip
-rw-r--r-- 1 eyha prof 2629  7월 23 16:18 encrypt.zip

$ mkdir tmp
$ mv encrypt.zip tmp

$ cd tmp
$ unzip encrypt.zip
Archive:  encrypt.zip
[encrypt.zip] chdir.c password:
  inflating: chdir.c
  inflating: chmod.c
  inflating: chown.c
  inflating: share.c
   creating: src/
  inflating: src/cd.c
```

```
  inflating: src/chown.c
  inflating: src/chmod.c
$
```

위 결과를 보면 unzip 으로 압축을 해제할 때, 암호를 입력하라는 물음이 표시되는 것을
볼 수 있다.

13.2.4 bzip2/bunzip2/bzcat/bzip2recover 명령

```
NAME
        bzip2, bunzip2, bzcat-    compress, exapnd or recover files

SYNOPSIS
        bzip2          [-cdfkqstvzVL123456789] [filenames ... ]
        bunzip2        [-fkvsVL] [ filenames ...]
        bzcat          [-s] [filenames ...]
        bzip2recover   filename
```

보통 확장자가 **'.bz2'** 인 파일은 bzip2 명령으로 압축된 것이다. bzip2는 Burrows-
Wheeler 블럭 정렬 텍스트 압축 알고리즘과 Huffman 코딩을 이용하여 파일을 압축한
다. 이 압축은 전통적인 LZ77/LZ78 기반의 압축보다 일반적으로 압축률이 좋다.

❶ 압축 하기 (*.bz2)

현재 디렉터리의 모든 파일을 개별적으로 압축하면서, 원래 파일을 유지하는 명령은 다
음과 같다. bzip2는 하위 디렉터리를 압축하지 않는다.

```
$ bzip2 -k  *
```

bzip2 명령에 **-k (--keep)** 옵션을 사용하면, 확장자가 '.bz2'인 파일로 압축되고, 원래 파
일도 유지된다.

하위 디렉터리에 모든 파일을 bzip2 방식으로 압축하려면, tar 명령에 옵션 **'-j'** 를 사용한다.

다음은 src디렉터리 이하의 모든 파일을 tar 명령으로, bzip2 방식으로 압축하는 명령이다.

```
$ tar cvjf  src.tar.bz2  src/*
```

결과를 보면 src.tar.bz2 파일이 생성된 것을 알 수 있다.

❷ 압축 풀기 (*.gz)

위에서 압축한 파일을 각각 해제하려면 다음과 같이 입력한다.

```
$ bunzip2 src.tar.bz2
$ tar xvf src.tar

또는
$ bzip2 -d src.tar.bz2
$ tar xvf src.tar

또는
$ tar xvjf src.tar.bz2
```

❸ 압축 풀지 않고 내용보기 (*.bz2)

압축된 상태를 해제하지 않고, chown.c.bz2 파일의 내용을 보려면 다음 명령을 입력한다.

```
$ bzip2 chown.c
$ ls
cd.c  chmod.c  chown.c.bz2

$ bzcat chown.c.bz2
#include <sys/types.h>
#include <unistd.h>
```

```
#include <stdio.h>

int main(int argc, char * argv[])
{
    if( chown(argv[1], 1002, 1002) == -1 )
        printf("chown error!\n");
    else
        printf("chown success.\n");
}
$
```

CHAPTER 14

소프트웨어
패키지 관리

14.1 dnf 명령을 이용한 패키지 관리

dnf 명령은 레드햇 계열의 리눅스에서 제공되는 rpm 형식의 소프트웨어 패키지를 설치, 업데이트, 업그레이드, 제거 등의 기능을 수행하는 패키지 관리자다.

dnf 명령은 지정된 rpm 패키지의 저장소(repository)에서, 설치 또는 업데이트하려는 rpm 패키지와 의존성이 있는 다른 rpm 파일을 함께 다운로드해서 설치 또는 업데이트 관리를 한다.

또한, 설치된 패키지 또는 저장소에 설치 가능한 패키지에 관한 정보를 검색하는 기능도 제공한다.

dnf 명령에 대한 상세한 내용은 매뉴얼을 참조하기 바란다.

14.1.1 패키지 목록 보기

❶ 다음은 설치된 패키지 또는 설치 가능한 패키지에 대한 리스트를 보는 명령이다.

```
# env ¦ grep LANG
LANG=ko_KR.UTF-8

# LANG=en_US.UTF-8

# dnf list all ¦ more
Last metadata expiration check: 1:51:52 ago on Mon 07 Dec 2020 08:41:10 PM
KST.
Installed Packages
GConf2.x86_64                    3.2.6-27.fc31             @anaconda
ImageMagick.x86_64               1:6.9.11.27-1.fc32        @updates
ImageMagick-libs.x86_64          1:6.9.11.27-1.fc32        @updates
LibRaw.x86_64                    0.19.5-4.fc32             @updates
ModemManager.x86_64              1.12.8-1.fc32             @fedora
ModemManager-glib.x86_64         1.12.8-1.fc32             @fedora
NetworkManager.x86_64            1:1.22.16-1.fc32          @updates
NetworkManager-adsl.x86_64       1:1.22.16-1.fc32          @updates
```

```
NetworkManager-bluetooth.x86_64    1:1.22.16-1.fc32              @updates
...생략
# dnf list all ¦ wc -l
57888
```

놀랍게도 현재 시스템에 설치 가능한 패키지를 알아보기 위해 **'dnf list all | wc -l'** 명령으로 라인 수를 출력하니 **약 57,888 개 이상의 패키지가 존재함**을 알 수 있다.

❷ 다음은 python*, mysql*, http* 관련된 패키지 목록을 보는 명령이다.

```
# dnf list python* mysql* http* ¦ more
Last metadata expiration check: 2:03:49 ago on Mon 07 Dec 2020 08:41:10 PM
KST.
Installed Packages
http-parser.x86_64                 2.9.3-2.fc32                 @fedora
httpd.x86_64                       2.4.46-1.fc32                @updates
httpd-filesystem.noarch            2.4.46-1.fc32                @updates
httpd-tools.x86_64                 2.4.46-1.fc32                @updates
mysql-selinux.noarch               1.0.0-9.fc32                 @fedora
python-pip-wheel.noarch            19.3.1-4.fc32                @updates
python-setuptools-wheel.noarch     41.6.0-2.fc32                @fedora
python-systemd-doc.x86_64          234-12.fc32                  @fedora
python-unversioned-command.noarch  3.8.5-5.fc32                 @updates
python3.x86_64                     3.8.5-5.fc32                 @updates
...생략
```

❸ 현재 설치된 패키지 리스트를 확인하는 명령은 다음과 같다.

```
# dnf list installed ¦ more
Installed Packages
GConf2.x86_64                      3.2.6-27.fc31                @anaconda
ImageMagick.x86_64                 1:6.9.11.27-1.fc32           @updates
ImageMagick-libs.x86_64            1:6.9.11.27-1.fc32           @updates
LibRaw.x86_64                      0.19.5-4.fc32                @updates
...생략
```

❹ 다음은 **rpm** 저장소에서 설치가 가능한 패키지 목록을 확인하는 명령이다.

```
# dnf list available
```

❺ 다음은 설치된 패키지 중에서 업데이트가 가능한 목록을 보는 명령이다.

```
# dnf list updates

...생략
```

❻ 최근에 **rpm** 패키지 저장소에 추가된 패키지 리스트를 확인하는 명령이다.

```
# dnf list recent
```

14.1.2 패키지 그룹 목록 보기

다음은 설치된 또는 설치 가능한 패키지 그룹에 대한 목록을 보려면 내부명령 **'group list'**를 사용한다.

```
# dnf group list
사용 가능한 환경 그룹 :
   Fedora Custom Operating System
   Minimal Install
   Fedora Server Edition
   Fedora Workstation
   Fedora Cloud Server
   Xfce Desktop
   LXDE Desktop
   LXQt Desktop
   Cinnamon Desktop
   MATE Desktop
```

```
   Sugar 데스크탑 환경
   Deepin Desktop
   Development and Creative Workstation
   웹 서버
   Infrastructure Server
설치된 환경 그룹 :
   KDE Plasma Workspaces
   Basic Desktop
설치된 그룹 :
   관리 도구
   Container Management
   LibreOffice
사용 가능한 그룹 :
   3D Printing
   Audio Production
   제작과 출판
   관련 서적 및 가이드
   C Development Tools and Libraries
   클라우드 기반
   Cloud Management Tools
   Compiz
   D Development Tools and Libraries
   디자인 도구 모음
   개발용 도구
   Domain Membership
   Fedora Eclipse
   편집기
   교육용 소프트웨어
   전자 실습
   공학과 과학
   FreeIPA Server
   게임과 오락
   Headless Management
   MATE Applications
   메디컬 애플리케이션
   Milkymist
   네트워크 서버
   Neuron Modelling Simulators
```

```
    Office/제품 도구
    Python Classroom
    Python Science
    로봇 공학
    RPM Development Tools
    Security Lab
    사운드와 비디오
    시스템 도구
    텍스트-기반 인터넷
    윈도우 관리자
#
```

위 결과를 보면, 가능한 환경 그룹 패키지, 설치된 그룹 패키지, 설치 가능한 그룹 패키지에 대한 정보가 출력된 것을 알 수 있다.

앞에 결과를 보면 그룹 패키지명이 한글로 출력되는 것을 볼 수 있다. 설치할 때는 한글 그룹명을 사용하지 못한다. 따라서 다음과 같이, 일시적으로 쉘 환경변수 LANG의 문자 집합 언어를 영문으로 변경해서 그룹 패키지 목록을 확인한다.

■ 영문으로 패키지 그룹 보기 전환

```
# LANG=en_US.UTF-8  (기존, LANG=ko_KR.UTF-8)
# dnf group list
```

```
# env | grep LANG
LANG=ko_KR.UTF-8

# LANG=en_US.UTF-8
# dnf group list
Available Environment Groups:
    Fedora Custom Operating System
    Minimal Install
    Fedora Server Edition
    Fedora Workstation
    Fedora Cloud Server
```

```
   Xfce Desktop
   LXDE Desktop
   LXQt Desktop
   Cinnamon Desktop
   MATE Desktop
   Sugar Desktop Environment
   Deepin Desktop
   Development and Creative Workstation
   Web Server
   Infrastructure Server
Installed Environment Groups:
   KDE Plasma Workspaces
   Basic Desktop
Installed Groups:
   Administration Tools
   Container Management
   LibreOffice
Available Groups:
   3D Printing
   Audio Production
   Authoring and Publishing
   Books and Guides
   C Development Tools and Libraries
   Cloud Infrastructure
   Cloud Management Tools
   Compiz
   D Development Tools and Libraries
   Design Suite
   Development Tools
   Domain Membership
   Fedora Eclipse
   Editors
   Educational Software
   Electronic Lab
   Engineering and Scientific
   FreeIPA Server
   Games and Entertainment
   Headless Management
```

```
        MATE Applications
        Medical Applications
        Milkymist
        Network Servers
        Neuron Modelling Simulators
        Office/Productivity
        Python Classroom
        Python Science
        Robotics
        RPM Development Tools
        Security Lab
        Sound and Video
        System Tools
        Text-based Internet
        Window Managers
#
```

14.1.3 패키지 저장소에 대한 정보 보기

패키지가 저장된 저장소에 대한 요약 정보를 보려면 내부명령 **'repolist'**를 사용한다.

```
# dnf repolist
repo id                    repo name
fedora                     Fedora 32 - x86_64
fedora-cisco-openh264      Fedora 32 openh264 (From Cisco) - x86_64
fedora-modular             Fedora Modular 32 - x86_64
google-chrome              google-chrome
updates                    Fedora 32 - x86_64 - Updates
updates-modular            Fedora Modular 32 - x86_64 - Updates

#
```

위 결과를 보면, 여러 군데에 리눅스 관련 패키지 저장소가 있는 것을 확인할 수 있다.

14.1.4 패키지 검색

패키지 명을 정확히 모르지만 특정 문자열을 갖는 패키지를 찾을 때는 내부명령 **'search'**를 사용한다.

```
# dnf search 문자열
```

```
# dnf search openvpn | more
======================= Name Exactly Matched: openvpn
=======================
openvpn.x86_64 : A full-featured SSL VPN solution
======================= Name & Summary Matched: openvpn
=======================
NetworkManager-openvpn.x86_64 : NetworkManager VPN plugin for OpenVPN
NetworkManager-openvpn-gnome.x86_64 : NetworkManager VPN plugin for OpenVPN
- GNOME files
openvpn-auth-ldap.x86_64 : OpenVPN plugin for LDAP authentication
openvpn-devel.i686 : Development headers and examples for OpenVPN plug-ins
openvpn-devel.x86_64 : Development headers and examples for OpenVPN plug-ins
plasma-nm-openvpn.x86_64 : OpenVPN support for plasma-nm
========================== Summary Matched: openvpn
=======================
eurephia.x86_64 : An advanced and flexible OpenVPN user authentication
plug-in
#
```

위 결과는 'openvpn' 문자열을 갖는 패키지를 찾아서 목록을 출력한 화면이다.

14.1.5 패키지 정보 보기

패키지에 대한 상세한 정보를 출력할 때는 내부명령 **'info'**를 사용한다.

```
# dnf info 패키지명
```

```
# dnf info openvpn
Installed Packages
Name         : openvpn
Version      : 2.4.9
Release      : 1.fc32
Architecture : x86_64
Size         : 1.3 M
Source       : openvpn-2.4.9-1.fc32.src.rpm
Repository   : @System
From repo    : updates
Summary      : A full-featured SSL VPN solution
URL          : https://community.openvpn.net/
License      : GPLv2
Description  : OpenVPN is a robust and highly flexible tunneling
               application that uses all
             : of the encryption, authentication, and certification
               features of the
             : OpenSSL library to securely tunnel IP networks over
               a single UDP or TCP
             : port.  It can use the Marcus Franz Xaver Johannes
               Oberhumers LZO library
             : for compression.
#
```

위 결과는 'openvpn' 패키지에 대한 상세한 정보를 출력한 화면으로, 패키지가 설치되어 있고, 버전이 2.4.9이고, 릴리즈 번호가 1.fc32이고, 업데이트 가능하고, 인터넷 사이트 가 openvpn.net임을 알 수 있다.

14.1.6 그룹 패키지 정보 보기

패키지에 대한 상세한 정보를 출력할 때는 내부명령 **'groupinfo'**를 사용한다.

```
# dnf group info 그룹패키지명
```

```
# dnf group info "Educational Software"
Group: Educational Software
 Description: Educational software for learning
 Optional Packages:
   anki
   blinken
   cantor
   childsplay
   corrida
   drgeo
   drgeo-doc
   fantasdic
... 생략
   gcompris
   genchemlab
   glglobe
   gtypist
   kalgebra
   kalzium
   kanagram
... 생략
   marble
   mnemosyne
   moodle
   nightview
   pairs
   parley
   rocs
   saoimage
   skychart
   stellarium
   step
...생략
#
```

위 결과는 '**Educational Software**'그룹 패키지에 대한 정보를 출력한 화면으로, 여러 가지 패키지로 구성되어 있음을 볼 수 있다. 예를 들면, 대표적인 교육용 코스 관리 시스템인 '**moodle**'패키지가 포함되어있는 것을 볼 수 있다.

14.1.7 패키지 설치

새로운 패키지를 설치하려면 내부명령 **'install'** 을 사용한다.

```
# dnf install 패키지명
```

예를 들어, 다음은 교육용 소프트웨어 그룹에 속해 있는 **'skychart'** 패키지를 설치하는 과정으로, 먼저 패키지 정보를 보고, 그리고 패키지를 설치하는 명령을 실행한다.

```
# dnf info skychart
```

```
# dnf info skychart
Available Packages
Name         : skychart
Version      : 4.3
Release      : 2.4108svn.fc32
Architecture : x86_64
Size         : 35 M
Source       : skychart-4.3-2.4108svn.fc32.src.rpm
Repository   : fedora
Summary      : Planetarium software for the advanced amateur astronomer
URL          : http://www.ap-i.net/skychart/
License      : GPLv2+
Description  : This program enables you to draw sky charts, making use of
               the data in 16
             : catalogs of stars and nebulae. In addition the position of
               planets,
             : asteroids and comets are shown.
...생략
```

결과를 보면, 'skychart' 패키지에 대해 버전, 요약, 상세한 설명 등이 출력된 것을 알 수 있다.

다음은 'skychart' 패키지를 설치하는 명령이다.

```
# dnf install skychart
```

```
# dnf install skychart
Dependencies resolved.
================================================================================
 Package              Architecture     Version              Repository     Size
================================================================================
Installing:
 skychart             x86_64           4.3-2.4108svn.fc32    fedora         35 M
Installing dependencies:
 libpasastro          x86_64           1.4.0-1.fc32          updates       300 k
 xplanet              x86_64           1.3.1-12.fc32         fedora        1.0 M

Transaction Summary
================================================================================
Install  3 Packages

Total download size: 36 M
Installed size: 111 M
Is this ok [y/N]: y
Downloading Packages:
(1/3): libpasastro-1.4.0-1.fc32.x86_64.rpm        583 kB/s ¦ 300 kB     00:00
(2/3): xplanet-1.3.1-12.fc32.x86_64.rpm            69 kB/s ¦ 1.0 MB     00:15
(3/3): skychart-4.3-2.4108svn.fc32.x86_64.rpm     142 kB/s ¦  35 MB     04:12
--------------------------------------------------------------------------------
Total                                             147 kB/s ¦  36 MB     04:13
Running transaction check
Transaction check succeeded.
Running transaction test
Transaction test succeeded.
Running transaction
  Preparing        :                                                      1/1
  Installing       : xplanet-1.3.1-12.fc32.x86_64                         1/3
  Installing       : libpasastro-1.4.0-1.fc32.x86_64                      2/3
  Installing       : skychart-4.3-2.4108svn.fc32.x86_64                   3/3
  Running scriptlet: skychart-4.3-2.4108svn.fc32.x86_64                   3/3
  Verifying        : libpasastro-1.4.0-1.fc32.x86_64                      1/3
  Verifying        : skychart-4.3-2.4108svn.fc32.x86_64                   2/3
```

```
   Verifying         : xplanet-1.3.1-12.fc32.x86_64                           3/3

Installed:
  libpasastro-1.4.0-1.fc32.x86_64    skychart-4.3-2.4108svn.fc32.x86_64
  xplanet-1.3.1-12.fc32.x86_64

Complete!
#
```

위 결과를 보면, 패키지를 설치하는 과정을 한눈에 확인할 수 있다.

① 패키지 종속성을 검사해서, 추가적으로 어떤 패키지가 필요한지 해결하고,
② 다운로드하고 설치할 것인지를 묻고,
③ 필요한 패키지를 모두 다운로드하고,
④ 패키지들을 각각 설치하고, 검증한 후,
⑤ 설치가 완료됐다는 메시지를 출력한다.

14.1.8 패키지 업데이트

패키지를 업데이트하려면 내부명령 **'update'**를 사용한다.

패키지를 명시하지 않으면, 현재 시스템에 설치된 모든 패키지에 대해 업데이트할 내용이 있는 패키지에 대해 업데이트를 진행한다.

```
# dnf update 패키지명
```

예를 들어, 다음은 리눅스 시스템에서 프린터 서버로 사용되는 프로그램인 'cups' (Common Unix Printing System) 패키지에 대해, 먼저 정보를 확인하고, 업데이트하는 과정을 보여준다.

우선 'cups' 패키지 정보를 알아보자.

```
# dnf info cups
```

```
# dnf info cups
Installed Packages
Name         : cups
Epoch        : 1
Version      : 2.3.3
Release      : 13.fc32
Architecture : x86_64
Size         : 7.9 M
Source       : cups-2.3.3-13.fc32.src.rpm
Repository   : @System
From repo    : updates
Summary      : CUPS printing system
URL          : http://www.cups.org/
... 생략

Available Packages
Name         : cups
Epoch        : 1
Version      : 2.3.3
Release      : 18.fc32
Architecture : x86_64
Size         : 1.3 M
Source       : cups-2.3.3-18.fc32.src.rpm
Repository   : updates
... 생략
#
```

위 결과를 보면, 현재 설치된 'cups' 패키지의 버전은 2.3.3에 릴리즈 13.fc32 이고, 업데이트 가능한 버전은 2.3.3에 릴리즈 **18.fc32** 임을 알 수 있다.

이제, 'cups' 패키지를 업데이트하자.

```
# dnf update cups
```

```
# dnf update cups
Dependencies resolved.
================================================================================
 Package              Architecture     Version              Repository     Size
================================================================================
Upgrading:
 cups                 x86_64           1:2.3.3-18.fc32       updates        1.3 M
 cups-client          x86_64           1:2.3.3-18.fc32       updates         71 k
 cups-filesystem      noarch           1:2.3.3-18.fc32       updates         13 k
 cups-ipptool         x86_64           1:2.3.3-18.fc32       updates        3.9 M
 cups-libs            x86_64           1:2.3.3-18.fc32       updates        274 k

Transaction Summary
================================================================================
Upgrade  5 Packages

Total download size: 5.5 M
Is this ok [y/N]: y
Downloading Packages:
(1/5): cups-filesystem-2.3.3-18.fc32.noarch.rpm        64 kB/s ¦  13 kB     00:00
(2/5): cups-client-2.3.3-18.fc32.x86_64.rpm           275 kB/s ¦  71 kB     00:00
(3/5): cups-libs-2.3.3-18.fc32.x86_64.rpm             1.7 MB/s ¦ 274 kB     00:00
(4/5): cups-2.3.3-18.fc32.x86_64.rpm                  2.7 MB/s ¦ 1.3 MB     00:00
(5/5): cups-ipptool-2.3.3-18.fc32.x86_64.rpm          4.1 MB/s ¦ 3.9 MB     00:00
--------------------------------------------------------------------------------
Total                                                 1.6 MB/s ¦ 5.5 MB     00:03
Running transaction check
Transaction check succeeded.
Running transaction test
Transaction test succeeded.
Running transaction
  Preparing        :                                                         1/1
  Running scriptlet: cups-libs-1:2.3.3-18.fc32.x86_64                        1/1
  Upgrading        : cups-libs-1:2.3.3-18.fc32.x86_64                       1/10
  Upgrading        : cups-client-1:2.3.3-18.fc32.x86_64                     2/10
  Running scriptlet: cups-client-1:2.3.3-18.fc32.x86_64                     2/10
  Upgrading        : cups-ipptool-1:2.3.3-18.fc32.x86_64                    3/10
  Upgrading        : cups-filesystem-1:2.3.3-18.fc32.noarch                 4/10
```

```
Upgrading        : cups-1:2.3.3-18.fc32.x86_64                    5/10
Running scriptlet: cups-1:2.3.3-18.fc32.x86_64                    5/10
Running scriptlet: cups-1:2.3.3-13.fc32.x86_64                    6/10
Cleanup          : cups-1:2.3.3-13.fc32.x86_64                    6/10
Running scriptlet: cups-1:2.3.3-13.fc32.x86_64                    6/10
Running scriptlet: cups-client-1:2.3.3-13.fc32.x86_64            7/10
Cleanup          : cups-client-1:2.3.3-13.fc32.x86_64            7/10
Cleanup          : cups-ipptool-1:2.3.3-13.fc32.x86_64           8/10
Cleanup          : cups-filesystem-1:2.3.3-13.fc32.noarch        9/10
Cleanup          : cups-libs-1:2.3.3-13.fc32.x86_64             10/10
Running scriptlet: cups-libs-1:2.3.3-13.fc32.x86_64             10/10
Verifying        : cups-1:2.3.3-18.fc32.x86_64                    1/10
Verifying        : cups-1:2.3.3-13.fc32.x86_64                    2/10
Verifying        : cups-client-1:2.3.3-18.fc32.x86_64            3/10
Verifying        : cups-client-1:2.3.3-13.fc32.x86_64            4/10
Verifying        : cups-filesystem-1:2.3.3-18.fc32.noarch        5/10
Verifying        : cups-filesystem-1:2.3.3-13.fc32.noarch        6/10
Verifying        : cups-ipptool-1:2.3.3-18.fc32.x86_64           7/10
Verifying        : cups-ipptool-1:2.3.3-13.fc32.x86_64           8/10
Verifying        : cups-libs-1:2.3.3-18.fc32.x86_64              9/10
Verifying        : cups-libs-1:2.3.3-13.fc32.x86_64             10/10

Upgraded:
  cups-1:2.3.3-18.fc32.x86_64              cups-client-1:2.3.3-18.fc32.x86_64
  cups-filesystem-1:2.3.3-18.fc32.noarch  cups-ipptool-1:2.3.3-18.fc32.x86_64
  cups-libs-1:2.3.3-18.fc32.x86_64

Complete!
#
```

위 결과를 보면, 패키지를 업데이트하는 과정을 한눈에 확인할 수 있다.

① 패키지 종속성을 검사해서, 추가적으로 어떤 패키지가 필요한지 해결하고,

② 다운로드하고 설치할 것인지를 묻고,

③ 필요한 패키지를 모두 다운로드하고,

④ 패키지를 업데이트하고, 이전 버전은 삭제하고, 검증한 후,

⑤ 업데이트가 완료됐다는 메시지를 출력한다.

14.1.9 패키지 삭제

패키지를 삭제하기 위해서 내부명령 **'remove'** 또는 **'erase'**를 사용한다.

```
# dnf remove   패키지명
```

예를 들어, 앞에서 설치한 **'skychart'** 패키지를 삭제해보자.

```
# dnf remove skychart
```

```
# dnf remove skychart
Dependencies resolved.
================================================================
 Package           Architecture        Version              Repository     Size
================================================================
Removing:
 skychart          x86_64              4.3-2.4108svn.fc32    @fedora        108 M
Removing unused dependencies:
 libpasastro       x86_64              1.4.0-1.fc32          @updates       666 k
 xplanet           x86_64              1.3.1-12.fc32         @fedora        2.4 M

Transaction Summary
================================================================
Remove   3 Packages
Freed space: 111 M
Is this ok [y/N]: y
Running transaction check
Transaction check succeeded.
Running transaction test
Transaction test succeeded.
Running transaction
```

```
    Preparing          :                                              1/1
    Erasing            : skychart-4.3-2.4108svn.fc32.x86_64           1/3
    Erasing            : libpasastro-1.4.0-1.fc32.x86_64              2/3
    Erasing            : xplanet-1.3.1-12.fc32.x86_64                 3/3
    Running scriptlet: xplanet-1.3.1-12.fc32.x86_64                   3/3
    Verifying          : libpasastro-1.4.0-1.fc32.x86_64              1/3
    Verifying          : skychart-4.3-2.4108svn.fc32.x86_64           2/3
    Verifying          : xplanet-1.3.1-12.fc32.x86_64                 3/3

Removed:
  libpasastro-1.4.0-1.fc32.x86_64    skychart-4.3-2.4108svn.fc32.x86_64
  xplanet-1.3.1-12.fc32.x86_64

Complete!
#
```

위 결과를 보면, 패키지를 삭제하는 과정을 한눈에 확인할 수 있다.

① 패키지 종속성을 검사해서, 추가적으로 삭제할 패키지를 확인하고,

② 삭제할 것인지를 묻고,

③ 패키지를 삭제하고, 검증한 후,

④ 삭제가 완료됐다는 메시지를 출력한다.

14.1.10 **그룹 패키지 관리**

추가적으로, dnf 명령의 그룹 패키지를 관리하는 방법에 대해 알아보자.

그룹 패키지에 대한 관리는, 다음과 같이 단순 패키지 명령에 **'group'** 내부명령만 추가한다.

즉,

그룹 패키지 목록을 보려면, **'dnf group list'** 명령을 입력하고,

그룹 패키지를 정보를 보려면, **'dnf group info 그룹패키지명'** 명령을 입력하고,

그룹 패키지를 설치하려면, '**dnf group install 그룹패키지명**' 명령을 입력하고,

그룹 패키지를 업데이트하려면, '**dnf group update 그룹패키지명**' 명령을 입력하고,

그룹 패키지를 삭제하려면, '**dnf group remove 그룹패키지명**' 명령을 사용한다.

참고로, 패키지명 또는 그룹패키지명은 **와일드 문자**를 사용할 수 있다. 예를 들어, 'C*'
라고 패키지 명을 입력하면 'C'로 시작하는 패키지들 모두를 가리키게 된다.

14.2 rpm 명령을 이용한 패키지 관리

RedHat 계열의 리눅스는 보통 '.rpm' 확장자로 소프트웨어 패키지를 배포한다. 이들 패
키지를 관리하는 rpm 명령은 패키지 설치(install), 업데이트(update), 제거(erase), 질의
(query), 검증(veryify), 만들기(build) 기능 등을 제공한다.

이제 rpm 패키지 관리 프로그램 사용법에 대해 알아보자.

14.2.1 패키지 목록 및 정보 검색하기

패키지에 대한 정보를 검색할 때는 '-q' (query) 옵션을 사용한다.

❶ 다음은 설치된 모든 패키지 대한 리스트를 보는 명령이다.

```
# rpm -qa | more
plasma-desktop-5.18.5-2.fc32.x86_64
libbytesize-2.4-1.fc32.x86_64
cmake-filesystem-3.17.4-1.fc32.x86_64
libgomp-10.2.1-1.fc32.x86_64
syslinux-extlinux-6.04-0.13.fc32.x86_64
ibus-gtk3-1.5.22-7.fc32.x86_64
perl-encoding-3.00-457.fc32.x86_64
sane-backends-libs-1.0.31-2.fc32.x86_64
webrtc-audio-processing-0.3.1-4.fc32.x86_64
```

```
kdegraphics-thumbnailers-19.12.2-1.fc32.x86_64
libsbc-1.4-5.fc32.x86_64
signon-plugin-oauth2-0.22-12.fc32.x86_64
rpm-4.15.1-3.fc32.1.x86_64
grub2-tools-extra-2.04-23.fc32.x86_64

...생략
# rpm -qa | wc -l
2259
#
```

현재 시스템에 설치된 패키지 수를 알아보면, '**rpm -qa | wc -l**' 명령으로 라인 수를 출력
하니 약 2,259 개임을 알 수 있다.

❷ 설치된 gcc(GNU Compiler Collection)에 대한 정보를 알려면, -qi (query infor-
mation) 옵션으로 명령을 실행한다.

```
# rpm -qi gcc
Name         : gcc
Version      : 10.2.1
Release      : 1.fc32
Architecture : x86_64
Install Date : 2020년 10월 01일 (목) 오후 12시 09분 47초
Group        : Unspecified
Size         : 85460945
License      : GPLv3+ and GPLv3+ with exceptions and GPLv2+ with exceptions
               and LGPLv2+ and BSD
Signature    : RSA/SHA256, 2020년 07월 27일 (월) 오후 08시 36분 47초, Key ID
               6c13026d12c944d0
Source RPM   : gcc-10.2.1-1.fc32.src.rpm
Build Date   : 2020년 07월 23일 (목) 오후 08시 29분 24초
Build Host   : buildvm-x86-08.iad2.fedoraproject.org
Packager     : Fedora Project
Vendor       : Fedora Project
URL          : http://gcc.gnu.org
```

```
Bug URL        : https://bugz.fedoraproject.org/gcc
Summary        : Various compilers (C, C++, Objective-C, ...)
Description :
The gcc package contains the GNU Compiler Collection version 10.
You'll need this package in order to compile C code.
#
```

위 결과를 보면, gcc 패키지의 버전은 10.2.1이고, 소스 RPM은 'gcc-10.2.1-1.fc32.src.rpm' 이고, URL은 http://gcc.gnu.org 이고, 요약을 보면 C, C++, Objective-C 등 많은 언어를 지원하는 컴파일러임을 알 수 있다.

❸ gcc 패키지가 어디에 설치됐는지 구체적인 파일 목록을 알려면 **'-ql' (query list)**옵션 을 사용한다.

```
# rpm -ql gcc
/usr/bin/c89
/usr/bin/c99
/usr/bin/cc
/usr/bin/gcc
/usr/bin/gcc-ar
/usr/bin/gcc-nm
/usr/bin/gcc-ranlib
/usr/bin/gcov
/usr/bin/gcov-dump
/usr/bin/gcov-tool
/usr/bin/lto-dump
/usr/bin/x86_64-redhat-linux-gcc
/usr/bin/x86_64-redhat-linux-gcc-10
...생략
/usr/lib/gcc/x86_64-redhat-linux/10
/usr/lib/gcc/x86_64-redhat-linux/10/32
/usr/lib/gcc/x86_64-redhat-linux/10/32/crtbegin.o
...생략
```

위 결과를 보면, gcc 패키지는 /usr/bin에 명령이 있고, /usr/lib/gcc/x86_64-redhat-linux/10 밑에 라이브러리가 있음을 알 수 있다.

14.2.2 패키지 설치하기

rpm 패키지를 설치할 때는 보통 **'-ivh'(install verbose hash)** 옵션을 사용한다. hash 옵션은 설치 진행 상태를 '#' 문자로 표시한다.

```
# rpm -ivh 패키지파일명
```

예를 들어,

dnf 명령에서 살펴봤던 'skychart' 패키지를 설치해보자.

우선 'skychart' 패키지를 다음 사이트 'https://src.fedoraproject.org/rpms/skychart'에서 다운로드한 후, 다음과 같이 명령을 실행해서 설치한다.

```
1) 다운로드 디렉터리로 이동 후 패키지 파일 확인

# pwd
/home/ha/다운로드
# ls -l
합계 35976
-rw-r--r--. 1 ha wheel 36838817 12월  8 16:25
skychart-4.3-2.4108svn.fc32.x86_64.rpm

2) 설치 실패

# rpm -ivh skychart-4.3-2.4108svn.fc32.x86_64.rpm
오류: Failed dependencies:
        libpasastro is needed by skychart-4.3-2.4108svn.fc32.x86_64
        xplanet is needed by skychart-4.3-2.4108svn.fc32.x86_64
```

3) 필요한 2개 패키지 다운로드

```
# ls -l
합계 37320
-rw-r--r--. 1 ha wheel   307278 12월  8 16:31
libpasastro-1.4.0-1.fc32.x86_64.rpm
-rw-r--r--. 1 ha wheel 36838817 12월  8 16:25
skychart-4.3-2.4108svn.fc32.x86_64.rpm
-rw-r--r--. 1 ha wheel  1061359 12월  8 16:32
xplanet-1.3.1-12.fc32.x86_64.rpm
```

4) 필요한 2개 패키지 각각 설치

```
# rpm -ivh libpasastro-1.4.0-1.fc32.x86_64.rpm
Verifying...                      ############################## [100%]
준비 중...                        ############################## [100%]
Updating / installing...
   1:libpasastro-1.4.0-1.fc32      ############################## [100%]
# rpm -ivh xplanet-1.3.1-12.fc32.x86_64.rpm
Verifying...                      ############################## [100%]
준비 중...                        ############################## [100%]
Updating / installing...
   1:xplanet-1.3.1-12.fc32         ############################## [100%]
```

5) 다시 skychart 패키지 설치

```
# rpm -ivh skychart-4.3-2.4108svn.fc32.x86_64.rpm
Verifying...                      ############################## [100%]
준비 중...                        ############################## [100%]
Updating / installing...
   1:skychart-4.3-2.4108svn.fc32   ############################## [100%]
```
6) 설치 결과 확인

```
# rpm -qa | grep skychart
skychart-4.3-2.4108svn.fc32.x86_64
#
```

위 결과를 보면, skychart 패키지를 설치하는 과정에 의존성이 있는 다른 패키지가 필요하다는 오류 메시지가 뜬다. 오류 해결을 위해 필요한 패키지를 해당 사이트에서 다운로드해서 설치하고, 이후 skychart 패키지를 다시 설치한다. 완료 후 설치가 잘 됐는지 확인한다.

참고로 페도라 리눅스의 rpm 패키지는 '*https://koji.fedoraproject.org/koji/packages*' 사이트에서 검색해서 다운로드할 수 있다.

이상에서 보듯이 rpm은 패키지 종속성을 자동으로 처리해주지 않기 때문에 설치자가 수동으로 필요한 모든 패키지를 찾아서 설치해야 하는 어려움이 있다.

일반적으로 패키지 설치는 다음 과정에 따라 한다.

① 먼저, 'ls -l' 명령으로 해당 패키지 파일이 존재함을 확인하고,
② 'rpm -ivh 패키지파일명' 명령으로 패키지 설치를 실행하고,
③ 'rpm -qa | grep 패키지명' 명령으로 패키지 설치를 확인한다.

14.2.3 패키지 제거하기

설치된 rpm 패키지를 제거하려면, 먼저 '-qa'(query all) 옵션을 사용해서 패키지가 설치되어 있는지 확인하고, 다음으로 '-evh'(erase verbose hash) 옵션을 사용해서 삭제한다.

```
# rpm -evh 패키지명
```

예를 들어, 앞에서 설치했던 'skychart' 패키지를 삭제해보자.

```
# rpm -qa | grep skychart
skychart-4.3-2.4108svn.fc32.x86_64
# rpm -evh skychart
준비 중...                              ############################### [100%]
Cleaning up / removing...
   1:skychart-4.3-2.4108svn.fc32        ############################### [100%]
```

```
# rpm -qa | grep skychart
#
```

위 결과를 보면, skychart 패키지가 삭제된 것을 알 수 있다. 앞에서 필요에 따라 설치했던 패키지들도 수동으로 삭제해야 완전한 삭제가 이루어지는 것이다.

14.2.4 패키지 업그레이드 하기

설치된 rpm 패키지를 업그레이드할 때는 보통 **'-Uvh' (upgrade verbose hash)** 옵션을 사용한다. **'-U'** 옵션은 해당 패키지가 설치되어 있지 않으면, 설치 작업을 진행한다. 따라서, 설치 옵션보다 업그레이드 옵션을 더 사용한다.

```
# rpm -Uvh 패키지파일명
```

예를 들어,

인터넷 도메인 네임 시스템 패키지인 'bind-utils' 패키지를 업그레이드해 보자.

① 현재 설치된 사항을 알아본다.

```
# rpm -qa | grep bind-utils
bind-utils-9.11.22-1.fc32.x86_64

# rpm -qa | grep bind
rpcbind-1.2.5-5.rc1.fc32.1.x86_64
bind-libs-lite-9.11.22-1.fc32.x86_64
libindicator-gtk3-12.10.1-17.fc32.x86_64
bind-libs-9.11.22-1.fc32.x86_64
bind-license-9.11.22-1.fc32.noarch
bind-utils-9.11.22-1.fc32.x86_64
keybinder3-0.3.2-9.fc32.x86_64
```

② 새 버전을 다운로드하고, 업그레이드를 시도한다.

```
# ls -l
합계 236
-rw-r--r--. 1 ha wheel 238438 12월  8 17:19
bind-utils-9.11.25-2.fc32.x86_64.rpm

# rpm -Uvh bind-utils-9.11.25-2.fc32.x86_64.rpm
오류: Failed dependencies:
        bind-libs(x86-64) = 32:9.11.25-2.fc32 is needed by
bind-utils-32:9.11.25-2.fc32.x86_64
        bind-libs-lite(x86-64) = 32:9.11.25-2.fc32 is needed by
bind-utils-32:9.11.25-2.fc32.x86_64
        libdns.so.1112()(64bit) is needed by
bind-utils-32:9.11.25-2.fc32.x86_64
```

③ 필요한 패키지를 다운로드하고, 다시 시도한다.

```
# ls -l
합계 1452
-rw-r--r--. 1 ha wheel   92167 12월  8 17:24
bind-libs-9.11.25-2.fc32.x86_64.rpm
-rw-r--r--. 1 ha wheel 1149321 12월  8 17:24
bind-libs-lite-9.11.25-2.fc32.x86_64.rpm
-rw-r--r--. 1 ha wheel  238438 12월  8 17:19
bind-utils-9.11.25-2.fc32.x86_64.rpm

# rpm -Uvh bind-*
오류: Failed dependencies:
        bind-license = 32:9.11.25-2.fc32 is needed by
bind-libs-32:9.11.25-2.fc32.x86_64
        bind-license = 32:9.11.25-2.fc32 is needed by
bind-libs-lite-32:9.11.25-2.fc32.x86_64
```

④ 또다시 필요한 패키지를 다운로드하고, 다시 시도한다.

```
# ls -l
합계 1472
-rw-r--r--. 1 ha wheel   92167 12월  8 17:24
bind-libs-9.11.25-2.fc32.x86_64.rpm
-rw-r--r--. 1 ha wheel 1149321 12월  8 17:24
bind-libs-lite-9.11.25-2.fc32.x86_64.rpm
-rw-r--r--. 1 ha wheel   17316 12월  8 17:31
bind-license-9.11.25-2.fc32.noarch.rpm
-rw-r--r--. 1 ha wheel  238438 12월  8 17:19
bind-utils-9.11.25-2.fc32.x86_64.rpm

# rpm -Uvh bind-*
Verifying...                           ############################## [100%]
준비 중...                              ############################## [100%]
Updating / installing...
   1:bind-license-32:9.11.25-2.fc32     ############################## [ 13%]
   2:bind-libs-lite-32:9.11.25-2.fc32 ############################## [ 25%]
   3:bind-libs-32:9.11.25-2.fc32        ############################## [ 38%]
   4:bind-utils-32:9.11.25-2.fc32       ############################## [ 50%]
Cleaning up / removing...
   5:bind-utils-32:9.11.22-1.fc32       ############################## [ 63%]
   6:bind-libs-32:9.11.22-1.fc32        ############################## [ 75%]
   7:bind-libs-lite-32:9.11.22-1.fc32 ############################## [ 88%]
   8:bind-license-32:9.11.22-1.fc32     ############################## [100%]
```

⑤ 설치 완료 후 확인한다.

```
# rpm -qa | grep bind-utils
bind-utils-9.11.25-2.fc32.x86_64
#
```

위 결과를 보면,

bind-utils 패키지의 현재 버전은 '**9.11.22-1**'이고, 새 버전은 '**9.11.25-2**'이다. 현재 디렉터리에 새 버전의 패키지 파일이 있는 것을 볼 수 있다.

'**rpm -Uvh**' 명령으로 bind-utils 패키지 하나만 업그레이드하려고 시도하면, 다른 패키지가 필요하다고 에러 메시지가 표시된다.

필요한 각가의 패키지를 업그레이드 할 수 있지만, 패키지 간에 종속성으로 인해 계속 에러 메시지가 나온다. 따라서 필요한 모든 패키지를 와일드 문자를 사용해서 한꺼번에 '**rpm -Uvh bind-***' 명령으로 업그레이드한다.

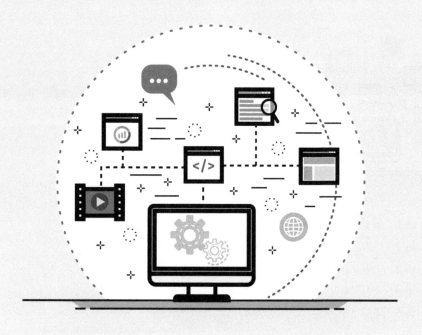

디스크 파티션 및
파일 시스템 관리

15.1 파일 시스템 마운트 시키기(mount)

```
NAME
      mount-       mount a file system

SYNOPSIS
      mount      [-lhV]
      mount      -a [-fFnrsvw] [-t vfstype]
      mount      [-fnrsvw] [-o options [,...]] device | dir
      mount      [-fnrsvw] [-t vfstype] [-o options] device dir
```

리눅스 시스템에 모든 파일은 계층적 트리 구조로 배치되어 있고, 트리의 꼭대기는 루트
'/' 라고 부른다. 파일은 루트로부터 시작되는 절대 경로를 사용해서 접근한다. 장치는 다
양한 타입의 파일 시스템으로 구성될 수 있다. 대표적인 파일 시스템 타입에는 FAT32,
NTFS, ext3, ext4 등이 있다.

mount 명령은 각 장치에 구성된 파일 시스템을 전체 파일 트리 구조에 붙이는 명령이고,
이와 반대로 umount 명령은 트리 구조로부터 장치를 떼어놓는 명령이다.

mount 명령의 기본적인 사용법은 다음과 같다.

```
# mount -t fstype device dir
```

위 명령은 파일 시스템 타입이 'fstype'인 장치 'device'를 'dir'로 지정한 디렉터리에 부
착한다. 이전 dir의 내용, 소유자, 모드 등의 정보는 모두 보이지 않게 된다. 경로 dir은 새
로 마운트된 장치의 파일시스템의 루트를 가리키게 된다.

❶ CD-ROM의 파일 시스템을 마운트해서 사용하는 명령은 다음과 같다.

```
# mount -t iso9660 /dev/cdrom  /mnt/cdrom
```

위 명령을 실행 후, **'cd /mnt/cdrom'** 명령으로 마운트 포인트인 디렉터리로 이동해서, 'ls
-l' 등의 파일관리 명령으로 CD-ROM에 있는 내용을 확인할 수 있다.

❷ 두 번째 디스크에 첫 번째 파티션 **'/dev/sdb1'**이 파일시스템 타입 ext4로 구성되어 있다고 하자. 이 파티션을 디렉터리 **'/home/mydisk'**에 마운트하려면 다음과 같이 한다.

```
# mount -t ext4 /dev/sdb1  /home/mydisk
```

위 명령을 실행한 후, 'cd /home/mydisk' 명령으로 마운트 포인트인 디렉터리로 이동해서, 'ls -l' 등의 파일관리 명령으로 내용을 확인할 수 있다.

❸ 하드디스크에 어떤 내용이 있는지 만을 알고 싶을 때, 즉 읽기 전용으로 마운트를 하려면 다음과 같이 **'-o ro'** 옵션을 사용해서 마운트한다.

```
# mount -t ext4 -o ro /dev/sdb1  /home/mydisk
```

❹ 현재 시스템에 마운트 되어있는 모든 파일 시스템을 보는 명령은 다음과 같다.

```
# mount
```

❺ 파일시스템 타입이 'ext4'인 마운트된 장치만 보는 명령은 다음과 같다.

```
# mount -t ext4
```

15.2 파일 시스템 언마운트 시키기(umount)

```
NAME
      umount-        unmount file systems

SYNOPSIS
      umount        [-hV]
      umount        -a [-nrv] [-t vfstype]
      umount        [-nrv] device ¦ dir [...]
```

umount 명령은 디렉터리에 마운트된 파일 시스템을 분리할 때 사용한다. CD-ROM이
나 USB 저장장치를 사용하고 난 후에는, 언마운트하는 것이 올바른 사용법이다.

❶ 앞에서 마운트한 '/dev/sdb1'를 언마운트 시키려면 다음과 같이 한다.

```
# umount /home/mydisk

또는

# umount /dev/sdb1
```

위와 같이, 언마운트할 때는 인자로 마운트 포인트 또는 디바이스 명을 사용할 수 있다.

❷ CD-ROM을 언마운트 하려면 다음과 같이 입력한다.

```
# umount /mnt/cdrom

또는

# umount /dev/cdrom
```

CD-ROM이나 USB메모리 같은 착탈가능 미디어의 경우에는 **'eject'** 명령을 사용해서
언마운트와 동시에 꺼내기 작업을 할 수 있다.

15.3 파일 시스템 검사(fsck: file system check)

```
NAME
        fsck-      check and repair a Linux file system

SYNOPSIS
        fsck       [-sACVRTNP][-t fstype ][--] [fsck-options] filesys[... ]
```

fsck 명령은 파일 시스템의 상태가 올바른지 검사하고, 잘못된 것이 있으면 정정하는 명령이다. 보통 시스템이 비정상적으로 다운된 후 다시 부팅될 때 자동으로 파일 시스템 검사 명령이 실행된다. 명령 인자는 검사하려는 파일 시스템의 디바이스 이름 또는 마운트 포인트를 사용한다.

옵션	설명
-t *fstype*	파일 시스템 타입을 지정한다.
-a	검사도중 발견된 에러를 자동적으로 복구한다.
-r	검사도중 에러가 발견되면 복구 여부를 물어본다.
-s	순차적인 방법으로 검색한다.
-V	검색 중 각종 정보를 자세하게 보여준다.
-N	어떤 작업이 진행될 것인지만 보여주고, 실제로 검사작업을 하지 않는다.

예를 들어, /home 파일 시스템을 검사하려면 다음과 같이 입력한다.

```
# fsck /home
```

파일 시스템 종류를 지정하지 않아도 자동으로 검사를 시작한다.

예를 들어, /dev/sda3 디바이스의 파일 시스템을 검사하려면 다음과 같이 입력한다.

```
# fsck /dev/sda3
```

15.4 저장 장치에 파티션 생성하기

여기서는 새로운 하드 디스크 또는 USB 메모리를 시스템에 추가해서 사용하기 위해 필요한 작업으로, 파티션 테이블을 생성하고, 여러 파티션을 만들고, 각 파티션에 파일 시스템을 생성해서 사용하는 방법에 대해 설명한다.

15.4.1 fdisk 명령으로 파티션 생성하기

이제, 새로운 USB 메모리를 시스템에 연결해서, 상태정보를 확인하고, 파티션을 만드는 방법에 대해 알아보자.

❶ USB 미디어 연결하고 상태 확인하기

```
# df -h
Filesystem      Size  Used Avail Use% Mounted on
/dev/root       14G   4.8G  8.0G  38% /
...(생략)
/dev/sda1       3.8G  1.5G  2.3G  40% /media/pi/KIPA2009
/dev/sdb1       3.8G  4.0K  3.8G   1% /media/pi/Memorette

# uname -a
Linux raspberrypi 4.1.19+ #858 Tue Mar 15 15:52:03 GMT 2016 armv6l GNU/Linux
#
```

위 결과를 보면, 새 USB 미디어가 '/dev/sdb1' 파티션으로 /media/pi/Memorette 디렉터리에 마운트된 것을 볼 수 있다. 현재 시스템은 Linux raspberrypi로써 GNU/Linux가 운영되고 있다.

■ 저장장치 디바이스 파일 매핑 규칙

리눅스 시스템에서는 디스크 또는 USB 저장 장치를 연결하면, 자동으로 저장 장치는 **/dev/sda, /dev/sdb, ...** 순으로 각 디바이스 파일에 매핑시킨다. 그리고 시스템에서 설정한 마운트 포인트인 디렉터리에 각 파티션을 마운트한다. 따라서 사용자는 디렉터리를 통해서 저장장치를 접근해서 사용할 수 있다.

❷ **fdisk -l** 명령으로 현재 USB 미디어의 파일시스템 상태 확인하기

```
# mount -l ¦ grep /dev/sdb1
/dev/sdb1 on /media/pi/Memorette type vfat
(rw,nosuid,nodev,relatime,uid=1000,gid=1000,fmask=0022,dmask=0077,
codepage=437,iocharset=ascii,shortname=mixed,showexec,utf8,flush,errors=remo
unt-ro,uhelper=udisks2) [Memorette]

# fdisk -l /dev/sdb

Disk /dev/sdb: 3.8 GiB, 4009754624 bytes, 7831552 sectors
Units: sectors of 1 * 512 = 512 bytes
Sector size (logical/physical): 512 bytes / 512 bytes
I/O size (minimum/optimal): 512 bytes / 512 bytes
Disklabel type: dos
Disk identifier: 0xc3072e18

Device    Boot Start      End Sectors  Size Id Type
/dev/sdb1 *          48 7831551 7831504  3.8G  c W95 FAT32 (LBA)

#
```

위 결과를 보면, USB 미디어의 파일 시스템 타입은 FAT32 인 것을 알 수 있다.

❸ fdisk 명령 도움말 보기

```
# fdisk /dev/sdb

Welcome to fdisk (util-linux 2.25.2).
Changes will remain in memory only, until you decide to write them.
Be careful before using the write command.

Command (m for help): m
```

fdisk 명령을 실행하고 도움말을 보기 위해 'm'을 입력하면 다음과 같이 도움말이 표시된다.

```
Command (m for help): m

Help:

  DOS (MBR)
   a   toggle a bootable flag
   b   edit nested BSD disklabel
   c   toggle the dos compatibility flag

  Generic
   d   delete a partition
   l   list known partition types
   n   add a new partition
   p   print the partition table
   t   change a partition type
   v   verify the partition table

  Misc
   m   print this menu
   u   change display/entry units
   x   extra functionality (experts only)

  Save & Exit
   w   write table to disk and exit
   q   quit without saving changes

  Create a new label
   g   create a new empty GPT partition table
   G   create a new empty SGI (IRIX) partition table
   o   create a new empty DOS partition table
   s   create a new empty Sun partition table

Command (m for help):
```

❹ 내부 명령 'p'를 입력해서 현재 파티션 상태를 확인한다.

```
Command (m for help): p
Disk /dev/sdb: 3.8 GiB, 4009754624 bytes, 7831552 sectors
Units: sectors of 1 * 512 = 512 bytes
Sector size (logical/physical): 512 bytes / 512 bytes
I/O size (minimum/optimal): 512 bytes / 512 bytes
Disklabel type: dos
Disk identifier: 0xc3072e18


Device    Boot Start     End Sectors  Size Id Type
/dev/sdb1  *       48 7831551 7831504  3.8G  c W95 FAT32 (LBA)


Command (m for help):
```

결과를 보면, USB 메모리는 하나의 파티션 '/dev/sdb1' 으로 되어있다.

❺ 디스크에 새로운 파티션 테이블 만들기

```
Command (m for help): o
Created a new DOS disklabel with disk identifier 0xc43a4b96.

Command (m for help): p
Disk /dev/sdb: 3.8 GiB, 4009754624 bytes, 7831552 sectors
Units: sectors of 1 * 512 = 512 bytes
Sector size (logical/physical): 512 bytes / 512 bytes
I/O size (minimum/optimal): 512 bytes / 512 bytes
Disklabel type: dos
Disk identifier: 0xc43a4b96
```

내부 명령 'o'를 실행해서, /dev/sdb 저장장치에 DOS 파티션 테이블을 생성하고, 'p' 명령으로 생성된 결과를 확인한다.

❻ 디스크 공간을 두 개로 파티션으로 분할하기

약 3.8 GB 크기인 USB 메모리를 2GB와 1.8GB 크기로 두 개의 파티션으로 분할하자.

① 2GB 크기의 첫 번째 파티션 만들기

```
Command (m for help): n
Partition type
   p   primary (0 primary, 0 extended, 4 free)
   e   extended (container for logical partitions)
Select (default p): p
Partition number (1-4, default 1): [Enter]
First sector (2048-7831551, default 2048): [Enter]
Last sector, +sectors or +size{K,M,G,T,P} (2048-7831551, default 7831551):
+2G

Created a new partition 1 of type 'Linux' and of size 2 GiB.

Command (m for help): p
Disk /dev/sdb: 3.8 GiB, 4009754624 bytes, 7831552 sectors
Units: sectors of 1 * 512 = 512 bytes
Sector size (logical/physical): 512 bytes / 512 bytes
I/O size (minimum/optimal): 512 bytes / 512 bytes
Disklabel type: dos
Disk identifier: 0xc43a4b96

Device     Boot Start     End Sectors Size Id Type
/dev/sdb1       2048 4196351 4194304   2G 83 Linux
```

내부 명령 'n'를 실행해서, 2GB 크기의 primary 파티션을 생성해보자. 파티션 타입, 파티션 번호, 처음 섹터는 디폴트 값을 선택한다. 마지막 섹터는 +2GB(기가바이트)로 파티션 크기를 입력해서 파티션을 생성한다.

생성 후, 'p' 내부 명령으로 생성된 파티션 '/dev/sdb1'을 확인한다.

② 남은 디스크 공간에 두 번째 파티션 만들기

```
Command (m for help): n
Partition type
   p   primary (1 primary, 0 extended, 3 free)
   e   extended (container for logical partitions)
Select (default p): p
Partition number (2-4, default 2): [Enter]
First sector (4196352-7831551, default 4196352): [Enter]
Last sector, +sectors or +size{K,M,G,T,P} (4196352-7831551, default
7831551):

Created a new partition 2 of type 'Linux' and of size 1.8 GiB.

Command (m for help): p
Disk /dev/sdb: 3.8 GiB, 4009754624 bytes, 7831552 sectors
Units: sectors of 1 * 512 = 512 bytes
Sector size (logical/physical): 512 bytes / 512 bytes
I/O size (minimum/optimal): 512 bytes / 512 bytes
Disklabel type: dos
Disk identifier: 0xc43a4b96


Device     Boot   Start      End Sectors  Size Id Type
/dev/sdb1          2048  4196351 4194304    2G 83 Linux
/dev/sdb2       4196352  7831551 3635200  1.8G 83 Linux
```

또 내부 명령 'n'를 실행해서, 남은 공간에 두 번째 파티션을 생성한다. 파티션 타입, 파티션 번호, 처음 섹터는 디폴트 값을 선택한다. 마지막 섹터도 남은 공간 천체로 크기를 입력하기 위해 디폴트 값을 선택한다.

생성 후, 'p' 내부 명령으로 파티션 '/dev/sdb2'가 생성된 것을 확인한다.

❼ 파티션 생성 결과를 실제로 디스크에 쓰고 종료하기

```
Command (m for help): w
The partition table has been altered.

# fdisk -l /dev/sdb

Disk /dev/sdb: 3.8 GiB, 4009754624 bytes, 7831552 sectors
Units: sectors of 1 * 512 = 512 bytes
Sector size (logical/physical): 512 bytes / 512 bytes
I/O size (minimum/optimal): 512 bytes / 512 bytes
Disklabel type: dos
Disk identifier: 0xc43a4b96


Device    Boot   Start    End Sectors  Size Id Type
/dev/sdb1         2048 4196351 4194304    2G 83 Linux
/dev/sdb2      4196352 7831551 3635200  1.8G 83 Linux

#
```

내부 명령 'w'를 실행해서 파티션 생성 결과를 실제로 저장하고 종료한다. 그리고, **'fdisk -l /dev/sdb'** 명령으로 파티션 생성 결과를 확인한다.

참고로, 파티션을 생성하는 작업은 디스크를 초기화하는 작업으로써 기존 데이터를 모두 삭제할 수 있으므로 주의해서 진행해야한다.

따라서 처음에는 파티션 생성 작업을 학습한다는 마음으로, 파티션 생성 및 삭제 등의 여러 명령을 반복 실행해보고, 마지막에 'q' 내부 명령을 사용해서 작업 내용을 무시하고 빠져 나온다.

그리고 익숙해졌다고 생각될 때, 다시 원래 계획했던 파티션 작업을 실행하고, 'w' 내부 명령을 실행해서 디스크에 쓰기 작업을 완료해서 파티션을 구성한다.

15.4.2 parted 명령으로 파티션 생성하기

새로운 USB 메모리를 시스템에 연결해서, 상태 정보를 확인하고, 파티션을 만들고, 파일 시스템을 생성해서 사용하는 방법에 대해 알아보자.

※ 주의: parted 명령은 실행한 사항이 바로 디스크에 영향을 주기 때문에 주의해서 사용해야한다.

❶ USB 미디어 연결하고 상태 확인하기

```
# parted -l
...(생략)
Model: MWR UFD Memorette UFD (scsi)
Disk /dev/sdb: 4010MB
Sector size (logical/physical): 512B/512B
Partition Table: gpt
Disk Flags:

Number  Start    End     Size     File system  Name  Flags
 1      1049kB   2149MB  2147MB   ext4
 2      2149MB   4010MB  1861MB   ext4
,,,(생략)

# df -h
Filesystem      Size  Used Avail Use% Mounted on
/dev/root        14G  5.0G  7.8G  40% /
...(생략)
/dev/sdb1       2.0G  3.0M  1.8G   1% /home2
/dev/sdb2       1.7G  2.7M  1.6G   1% /mnt/myhome
#
```

위 결과를 보면, USB 미디어가 두 개의 파티션으로 나뉘어져있고, '/dev/sdb1' 파티션은 '/home2' 디렉터리에, '/dev/sdb2' 파티션은 '/mnt/myhome' 디렉터리에 마운트된 것을 볼 수 있다. 또한 파티션 테이블이 GPT인 것을 알 수 있다. GPT 타입의 파티션 테이블은 fdisk 명령에서 'g' 내부 명령을 사용해서 생성한다.

❷ 기존 파티션 삭제하기

```
# umount /dev/sdb1
# umount /dev/sdb2
# parted /dev/sdb
GNU Parted 3.2
Using /dev/sdb
Welcome to GNU Parted! Type 'help' to view a list of commands.
(parted) help
  help [COMMAND]                          print general help, or help on
COMMAND
  mkpart PART-TYPE [FS-TYPE] START END    make a partition
  resizepart NUMBER END                   resize partition NUMBER
  rm NUMBER                               delete partition NUMBER
...(생략)
(parted) print
Model: MWR UFD Memorette UFD (scsi)
Disk /dev/sdb: 4010MB
...(생략)
Number  Start   End     Size    File system  Name  Flags
 1      1049kB  2149MB  2147MB  ext4
 2      2149MB  4010MB  1861MB  ext4

(parted) rm
Partition number? 1
(parted) rm 2
(parted) print
...(생략)
Number  Start  End  Size  File system  Name  Flags

(parted) quit
Information: You may need to update /etc/fstab.

#
```

위 화면을 보면, 먼저 umount 명령으로 마운트된 파티션을 언마운트시킨다. 그리고 parted 명령을 실행하고, **'print'** 내부 명령으로 현재 상태를 확인하고, **'rm'** 내부 명령으로 파티션을 삭제한다. 'quit' 내부 명령으로 parted 명령을 마친다.

❸ 파티션 생성하기

```
# parted /dev/sdb
GNU Parted 3.2
Using /dev/sdb
(parted) help mkpart
  mkpart PART-TYPE [FS-TYPE] START END    make a partition
  ...(생략)

(parted) print
...(생략)
Number  Start   End    Size    File system  Name  Flags

(parted) mkpart
Partition name?  []? home2
File system type?  [ext2]? ext4
Start? 1049KB
End? 2149MB

(parted) print
...(생략)
Number  Start   End    Size    File system  Name   Flags
 1      1049kB  2149MB  2147MB  ext4         home2

(parted) mkpart myhome ext4 2149MB 4010MB

(parted) print
...(생략)
Number  Start   End    Size    File system  Name    Flags
 1      1049kB  2149MB  2147MB  ext4         home2
 2      2149MB  4010MB  1861MB  ext4         myhome
```

```
(parted) quit
Information: You may need to update /etc/fstab.

#
```

위 화면을 보면서 파티션을 생성하는 과정을 설명하면 아래와 같다.

■ 파티션 생성 과정

① 먼저 파티션을 만드는 내부명령 'mkpart' 사용법을 help로 알아본다.

② 'print' 명령으로 현재 파티션이 없는 것을 확인한다.

③ 'mkpart' 내부 명령을 실행해서 파티션 이름, 파일시스템 타입, 시작 위치, 끝 위치를 이전처럼 입력해서 파티션을 생성한다.

④ 생성한 후 'print' 명령으로 파티션 결과를 확인한다.

⑤ 'quit' 명령으로 빠져나오면, 파티션이 변경됐으니 **'/etc/fstab'** 파일을 업데이트하라고 권고 메시지를 보여준다.

■ 파티션을 실제로 사용하기 위해 필요한 절차

① **parted** 명령의 **'mkpart'** 내부 명령으로 파티션을 만드는 것은 디스크 공간을 나누는 작업이다.

② 실제로 사용하기 위해서는 다음에 설명할 **mkfs** 명령을 사용해서 파티션에 파일 시스템을 구성한다.

③ **mount** 명령으로 파일 시스템을 마운트해서 사용한다.

15.5 파티션에 파일 시스템 생성하기(mkfs: make file system)

파티션(partition)이란, 큰 사무실을 칸막이를 설치해서 독립된 팀이 독립된 공간을 사용할 수 있는 것같이, 하나의 디스크를 여러 공간으로 나누어서 각각 독립적인 목적으로 사용할 수 있게 만든 디스크 영역을 의미한다. 즉, 파티션은 디스크에 나뉘어진 공간을 뜻한다.

파티션을 사용하기 위해서는 시스템에서 지원하는 타입의 파일 시스템을 만들어야한다. mkfs(make file system) 명령을 사용해서 파티션에 파일 시스템을 구성한다.

앞에서 USB 메모리를 두 개의 파티션으로 분할을 했다. 여기서는 각 파티션에 파일 시스템을 구성하고, 리눅스 파일 계층 구조에 마운트해서 사용하는 법에 대해 알아보자.

❶ 파티션에 파일 시스템 만들기

```
# umount /dev/sdb1
# mkfs -t ext4 /dev/sdb1
mke2fs 1.42.12 (29-Aug-2014)
/dev/sdb1 contains a vfat file system labelled 'Memorette'
Proceed anyway? (y,n) y
Creating filesystem with 978938 4k blocks and 244800 inodes
Filesystem UUID: c35212a4-359a-402a-bd1d-73f3513b7adf
Superblock backups stored on blocks:
        32768, 98304, 163840, 229376, 294912, 819200, 884736

Allocating group tables: done
Writing inode tables: done
Creating journal (16384 blocks): done
Writing superblocks and filesystem accounting information: done
#
```

mkfs 명령은 마운트가 해제된 파티션에 대해 파일 시스템을 구성한다. 따라서 umount 명령으로 마운트되어 있는 기존 파티션을 언마운트를 한 후, mkfs 명령을 실행해서 지정한 타입의 파일 시스템을 만든다. 위에서는 **'/dev/sdb1'** 파티션에 ext4 타입의 리눅스 파일 시스템을 만들었다.

❷ 생성한 파티션을 마운트해서 사용하기

```
# cd /
# mkdir home2
# mount /dev/sdb1 /home2
# mount -t ext4
··· 생략
/dev/sdb1 on /home2 type ext4 (rw,relatime,data=ordered)
# cd /home2
# ls -la
total 24
drwxr-xr-x  3 root root  4096 Feb 10 16:52 .
drwxr-xr-x 23 root root  4096 Feb 10 16:58 ..
drwx------  2 root root 16384 Feb 10 16:52 lost+found
# cp /etc/passwd .
# ls -la
total 28
drwxr-xr-x  3 root root  4096 Feb 10 17:09 .
drwxr-xr-x 23 root root  4096 Feb 10 16:58 ..
drwx------  2 root root 16384 Feb 10 16:52 lost+found
-rw-r--r--  1 root root  1730 Feb 10 17:09 passwd
# umount /home2
umount: /home2: target is busy
        (In some cases useful info about processes that
         use the device is found by lsof(8) or fuser(1).)
# cd /
# umount /home2
#
```

생성한 파일 시스템을 사용하기 위해서는 마운트 포인트인 디렉터리를 만들고, mount 명령으로 마운트 해야한다. 그리고 디렉터리로 이동해서 원하는 작업을 실행한다. 더 이상 파일 시스템을 사용할 필요가 없으면, umount 명령으로 언마운트를 한다.

위에서는 'mkdir /home2' 명령으로 디렉터리를 만들고, 'mount /dev/sdb1 /home2' 명

령으로 파일 시스템을 마운트하고, 'ls -la' 명령으로 초기 파일 시스템의 상태를 확인했다. 그리고 'cp' 명령으로 파일을 복사하고, 더 이상 사용할 일이 없어 'umount /home2' 명령으로 언마운트를 했다.

❸ 이제, 다른 파티션에 파일 시스템 구성하고, 마운트해서 사용해보자.

```
# cd /dev
# ls -l sd*
brw-rw---- 1 root disk 8,  0 Feb  1 14:50 sda
brw-rw---- 1 root disk 8,  1 Feb  1 14:50 sda1
brw-rw---- 1 root disk 8, 16 Feb 10 17:34 sdb
brw-rw---- 1 root disk 8, 17 Feb 10 17:34 sdb1
brw-rw---- 1 root disk 8, 18 Feb 10 17:34 sdb2

# mkfs -t vfat /dev/sdb2
mkfs.fat 3.0.27 (2014-11-12)
# mkdir /mnt/myhome
# mount /dev/sdb2 /mnt/myhome
# mount -t vfat
...생략
/dev/sdb2 on /mnt/myhome type vfat
(rw,relatime,fmask=0022,dmask=0022,codepage=437,iocharset=ascii,shortname=mi
xed,errors=remount-ro)

# cd /mnt/myhome
# ls -la
total 8
drwxr-xr-x 2 root root 4096 Jan  1  1970 .
drwxr-xr-x 4 root root 4096 Feb 10 17:40 ..
# cp /etc/passwd .
# ls -la
total 12
drwxr-xr-x 2 root root 4096 Feb 10 17:41 .
drwxr-xr-x 4 root root 4096 Feb 10 17:40 ..
-rwxr-xr-x 1 root root 1730 Feb 10 17:41 passwd

# cd /
```

```
# umount /dev/sdb2
#
```

위 화면은 '/dev/sdb2' 파티션에 vfat 타입의 파일시스템을 만들어서 사용하는 일련의 과정을 보여준다. 여러분이 명령 실행 과정을 확인해보기 바란다.

❹ /etc/fstab 파일을 이용한 파일시스템 마운트 관련 설정하기

지금까지 USB 메모리와 같이 착탈식 저장 장치에 구성된 파일 시스템을 일시적으로 사용하는 방법에 대해 설명했다. 여기서는 '/etc/fstab' 파일에 파티션과 파일시스템 정보를 저장해서 시스템이 부팅될 때 파일시스템을 자동으로 마운트 하도록 해보자.

다음은 **'/etc/fstab'** 파일에 앞에서 만든 파티션에 대한 마운트 정보를 추가한 것이다.

```
# cat /etc/fstab
...(생략)
/dev/sdb1        /home2        ext4    defaults        0       0
/dev/sdb2        /mnt/myhome   ext4    defaults        0       0

# mount /home2
# mount /mnt/myhome
# mount -t ext4
...(생략)
/dev/sdb1 on /home2 type ext4 (rw,relatime,data=ordered)
/dev/sdb2 on /mnt/myhome type ext4 (rw,relatime,data=ordered)

# df -h
Filesystem        Size  Used Avail Use% Mounted on
...(생략)
/dev/sdb1         2.0G  3.0M  1.8G   1% /home2
/dev/sdb2         1.7G  2.7M  1.6G   1% /mnt/myhome
#
```

위와 같이 '**/etc/fstab**' 파일에 /dev/sdb1, /dev/sdb2 파티션에 대한 마운트 정보를 저장한다. 그리고 시스템을 재부팅을 하면, 자동으로 추가한 파티션의 파일시스템이 마운트되는 것을 확인할 수 있다.

여기서는 재부팅하지 않고 '**mount /home2**' 와 '**mount /mnt/myhome**' 명령으로 파티션을 마운트시켰다. mount 명령은 디폴트로 '**/etc/fstab**' 에 정의된 내용을 참조해서 파티션을 마운트한다.

CHAPTER 16

입출력 리다이렉션 및
파이프 기능

16.1 입출력 리다이렉션(I/O redirection: 〉, 〉〉, 〈)

입출력 리다이렉션이란, 명령 실행의 입력 및 출력의 방향을 바꾸는 것을 말한다. 즉 표준입력(standard input), 표준출력(standard output), 표준오류(standard error) 등의 방향을 다른 곳으로 바꾸는 것을 말한다. 표준입력, 표준출력, 표준오류는 디폴트로 현재 터미널 화면을 가리킨다. 즉, 명령의 모든 입출력 및 오류는 화면을 통해 입력되고 출력된다.

리다이렉션의 연산자는 기호 "**<, >, >>**" 를 사용한다. 연산자 '<' 는 명령의 표준입력을 지정한 파일로부터 읽을 때 사용하고, 연산자 '>' 는 명령의 표준출력을 지정한 파일로 저장할 때 사용한다. 연산자 '>' 는 지정한 파일이 존재하면 덮어쓰고, 연산자 '>>' 는 기존 파일의 끝에 출력 결과를 추가한다.

❶ 표준출력 리다이렉션

예를 들어, file1, file2, file3 세 파일의 내용을 모두 합쳐서 file4로 만들려면 다음과 같이 명령을 입력한다. 즉, cat 명령의 결과를 화면이 아니라 file4로 표준 출력을 전환한 것이다.

```
$ cat file1 file2 file3 > file4
```

❷ 표준입력 리다이렉션

예를 들어, 'myprog' 명령의 표준입력을 'data.txt' 파일로 하고, 표준출력을 'output.txt' 파일로 생성하기 위해서는 다음과 같이 명령을 입력한다. 즉, 입력과 출력의 방향을 각각 지정한 파일로 전환한 것이다.

```
$ myprog < data.txt > output.txt
```

❸ 표준오류 리다이렉션

다음은 'ls -lR' 명령의 결과를 지정한 파일에 저장하고, 오류메시지는 특별한 장치파일인 '/dev/null' 로 보내서 화면에 표시되지 않게 처리한 결과다.

```
$ ls -lR /etc > ls.txt 2> /dev/null
$ head ls.txt
/etc:
합계 2044
-rw-r--r--.  1 root root     5081  5월 14  2015 DIR_COLORS
-rw-r--r--.  1 root root       94  4월  7  2015 GREP_COLORS
drwxr-xr-x.  7 root root     4096  9월  3  2015 NetworkManager
...생략
$ ls -l /dev/null
crw-rw-rw- 1 root root 1, 3  7월 11 10:54 /dev/null
$
```

위 결과를 보면, 연산자 '>' 로 표준출력을 'ls.txt' 파일에 저장하고, 기호 **'2>'** 로 **표준오류(파일식별자:2)** 메시지를 '/dev/null' 파일로 보냈다. '/dev/null' 파일은 위에서 보는 것과 같이 문자 장치 파일로 입력되는 모든 내용을 널(null:없음)로 만드는 역할을 한다. 즉, 입력되는 모든 것을 사라지게 하는 역할을 한다.

위 명령에서 표준오류 처리 부분인 **'2> /dev/null'**을 생략하면 다음과 같이 오류메시지가 화면에 출력된다.

```
$ ls -lR /etc > ls.txt
ls: cannot open directory /etc/audisp: 허가 거부
ls: cannot open directory /etc/audit: 허가 거부
...생략
$
```

또한, 표준오류를 파일로 저장하려면 다음과 같이 명령의 뒤에 **'2> error.txt'**을 입력한다.

```
$ ls -lR /etc > ls.txt 2> error.txt
$ head error.txt
ls: cannot open directory /etc/audisp: 허가 거부
ls: cannot open directory /etc/audit: 허가 거부
...생략
$
```

위 결과를 보면, 오류메시지가 한글로 표시되는 것을 알 수 있다. 이것은 현재 쉘의 문자셋(character set)을 지정하는 환경 변수인 LANG이 **'LANG=ko_KR.UTF-8'** 와 같이 한글로 설정되어있기 때문이다.

표준오류도 함께 표준출력 파일에 저장하려면, 다음과 같이 명령 뒤에 **'2>&1'**을 입력한다. '2>&1' 표시는 표준오류(파일식별자:2)를 표준출력(파일식별자:1)으로 보낸다는 뜻이다.

```
$ env | grep LANG
LANG=ko_KR.UTF-8
$ LANG=en_US.UTF-8
$ env | grep LANG
LANG=en_US.UTF-8

$ ls -lR /etc > ls.txt 2>&1
$ grep 'Permission denied' ls.txt | more
ls: cannot open directory /etc/audisp: Permission denied
ls: cannot open directory /etc/audit: Permission denied
...생략
$
```

위 결과는 **'LANG=en_US.UTF-8'** 명령으로 쉘의 문자셋을 영문으로 바꿨다. 이제 ls 명령의 오류메시지가 영문으로 출력되는 것을 볼 수 있다. grep 명령으로 'ls.txt' 파일에 오류메시지도 함께 저장된 것을 확인할 수 있다.

16.2 파이프 기능(pipe: |)

리눅스에서 제공하는 파이프(pipe)는 앞 명령의 표준출력 결과를 화면에 표시하지 않고 연이은 다음 명령의 표준입력으로 보내는 역할을 한다. 기호는 '|'를 사용한다. 파이프는 여러 명령에 걸쳐 연속으로 사용할 수 있다. 즉 **'명령1 | 명령2 | 명령3 ...'** 식으로 사용한다.

예를 들어, 현재 시스템의 사용자 수를 출력하기 위해, 다음과 같이 who 명령의 결과를 파이프를 통해 라인수를 카운트하는 wc 명령의 입력으로 지정해서 실행한다.

```
$ who
root      :0          2017-07-11 11:11 (:0)
root      pts/0       2017-07-11 11:11 (:0)
root      pts/1       2017-08-06 20:24 (211.214.175.84)
eyha      pts/2       2017-08-06 21:13 (211.214.175.84)
$ who ¦ wc -l
4
$
```

위 화면을 보면, who 결과가 파이프 '|'를 통해서 wc 명령의 입력으로 들어가 라인수가 4로 카운트 돼서, 현재 4명의 사용자가 로그인되어 있음을 알 수 있다.

다음은 'eyha' 계정에 대한 정보를 알아보기 위해, '/etc/passwd' 파일을 cat 명령으로 출력하고 파이프를 통해 grep 명령의 입력으로 보내서 'eyha' 문자열을 포함한 라인을 출력한 결과다.

```
$ cat /etc/passwd ¦ grep eyha
eyha:x:1001:1003:Ha Eun Yong,OFFICE 777,8888:/home/eyha:/bin/bash
$
```

다음은 tr 명령을 파이프로 붙여서 소문자를 모두 대문자로 변환한 결과다. 이렇게 파이프는 연이어 사용할 수 있다.

```
$ cat /etc/passwd ¦ grep eyha ¦ tr a-z A-Z
EYHA:X:1001:1003:HA EUN YONG,OFFICE 777,8888:/HOME/EYHA:/BIN/BASH
$
```

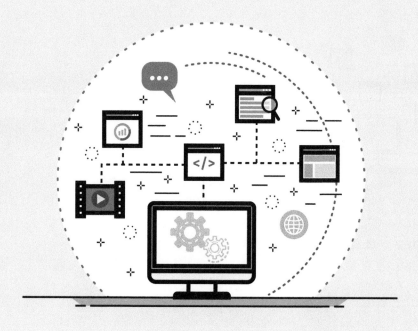

CHAPTER 17

날짜 및 시간 설정 관리

17.1 현재 시간 표시 및 설정(date)

```
NAME
      date -    print or set the system date and time

SYNOPSIS
      date    [OPTION]...[+FORMAT]
      date    [-u¦--utc¦--universal] [MMDDhhmm[[CC]YY][.ss]]
```

date 명령은 현재 시간을 주어진 형식(+FORMAT)으로 출력하거나, 시스템 시간을 설정할 때 사용한다.

옵션	설명
-d, --date=*STRING*	STRING으로 설명된 시간을 표시
-I[*FMT*]--iso-8601[=*FMT*]	시간을 ISO 8601 형식으로 표시 FMT는 시간 표시 정확도로써, 'date':일자, 'hours': 시간, 'minutes':분, 'seconds':ch, 'ns':나노초 단위
-R, --rfc-email	시간을 RFC 5322 형식으로 출력 예, Sat, 22 Jul 2017 17:39:02 +0900
--rfc-3339=FMT	시간을 RFC 3339 형식으로 출력 FMT는 date, seconds, ns (나노초) 값
-u, --utc, --universal	시간을 UTC(Coordinated Universal Time)으로 표시하거나 설정함. 1972년 1월 1일부터 시행된 국제 표준시. UTC는 GMT(그리니치 평균시)로 불리기도 하는데, 초의 소숫점 단위에서 차이가 나기 때문에 보통 혼용해서 사용됨
-s, --set=STRING	STRING으로 설명된 시간으로 시스템 시간을 설정 **슈퍼유저인 root 권한**이 있는 경우에만 시스템 시간을 변경할 수 있다.

❶ 다음은 현재 시간을 **다양한 형식**으로 표시한 결과다.

```
$ date
2017. 07. 22. (토) 17:50:41 KST
$ date -Idate
```

```
2017-07-22
$ date -Ihours
2017-07-22T17+0900
$ date -Iminutes
2017-07-22T17:53+0900
$ date -Iseconds
2017-07-22T17:54:02+0900
$ date -Ins
2017-07-22T17:54:06,159524934+0900
$ date -R
Sat, 22 Jul 2017 17:57:33 +0900
$ date --rfc-3339=seconds
2017-07-22 17:59:14+09:00
$ date --utc
2017. 07. 22. (토) 09:00:14 UTC
$
```

❷ 다음은 현재 시간을 **형식 제어문자**를 이용해서 다양하게 표시한 결과다. 형식 제어문
자는 'man date'를 실행해서 매뉴얼을 확인하기 바란다.

```
$ date '+오늘 일자는 %F'
오늘 일자는 2017-07-22
$ date '+오늘 일자는 %D'
오늘 일자는 07/22/17
$ date '+오늘 %F, 지금시간은 %r'
오늘 2017-07-22, 지금시간은 오후 06시 15분 23초
$ date '+오늘은 %F, 일년중 %W 주, %w 일째, 즉 %j 번째일입니다'
오늘은 2017-07-22, 일년중 29 주, 6 일째, 즉 203 번째일입니다
$
```

❸ 다음은 현재 시간이 아닌 **주어진 문자열**에 따라 시간을 출력한 결과다.

```
$ date
2017. 07. 22. (토) 18:32:36 KST
```

```
$ date --date='2 days'
2017. 07. 24. (월) 18:32:40 KST
$ date --date='2 weeks'
2017. 08. 05. (토) 18:33:03 KST
$ date --date='2 months'
2017. 09. 22. (금) 18:33:15 KST
$ date --date='2 months 2 days'
2017. 09. 24. (일) 18:33:24 KST
$ date --date='2 months 2 days' -R
Sun, 24 Sep 2017 18:34:10 +0900
$
```

위 결과를 보면, 오늘 기준으로 2일후, 2주후, 2개월 후, 2개월 2일 후, 그리고 −R 형식으로 출력한 시간을 확인할 수 있다.

❹ 현재 **시스템 시간을 설정**한 결과 화면이다. 시스템 시간 변경은 슈퍼유저인 **root의 권한**이 있어야만 가능하다.

```
$ whoami
eyha
$ date 010100002018
date: cannot set date: 명령을 허용하지 않음
2018. 01. 01. (월) 00:00:00 KST
$ date
2017. 07. 22. (토) 18:41:05 KST
$
```

위 화면은 현재 시스템 시간을 2018년 1월 1일 0시로 설정하려고, date 명령을 사용했지만, 현재 사용자가 eyha 이므로 시스템 시간 설정을 할 수 없다.

따라서 시스템 시간을 설정하려면 **슈퍼유저인 root 권한**을 갖고, 다음과 같이 date 명령을 실행해야 한다.

```
$ sudo su -
암호:
# whoami
root

# date 010100002018
2018. 01. 01. (월) 00:00:00 KST

# date -s '2018-01-01 00:00:00'
2018. 01. 01. (월) 00:00:00 KST

# date --set='2018-01-01 00:00:00'
2018. 01. 01. (월) 00:00:00 KST
# date
2018. 01. 01. (월) 00:00:05 KST
# exit
logout
$
```

17.2 네트워크 타임 서버를 통한 시간 설정(ntpdate)

```
NAME
       ntpdate -     set the date and time via NTP

SYNOPSIS
                     [ -46bBdqsuv ] [ -a key ] [ -e authdelay  ]
       ntpdate       [ -k keyfile ] [ -o version ] [ -p samples ]
                     [ -t timeout ] [ -U user_name ] server [ ... ]
```

ntpdate 명령을 **NTP(Network Time Protocol)** 서버에 접근해서 시스템 시간을 설정할 때
사용하는 명령이다.

옵션	설명
-q	NTP 서버에 대해 질의(query)만 실행하고, 시간 설정은 하지 않음
-u	방화벽을 우회해서 NTP 서버에 접근해서 현재 시스템 시간을 설정함

다음은 ntpdate 명령으로 현재 **시스템 시간을 동기화한** 결과다. 시간 설정은 슈퍼유저인 **root의 권한**이 있어야 한다.

```
# ntpdate -q  kr.pool.ntp.org
server 106.247.248.106, stratum 2, offset 0.011857, delay 0.03078
server 211.233.84.186, stratum 2, offset 0.003383, delay 0.03098
server 211.233.40.78, stratum 2, offset 0.004396, delay 0.03052
server 211.233.78.116, stratum 2, offset 0.016048, delay 0.03001
22 Jul 20:07:00 ntpdate[3256]: adjust time server 211.233.78.116 offset
0.016048 sec



# ntpdate -u  kr.pool.ntp.org
22 Jul 20:07:13 ntpdate[3257]: adjust time server 106.247.248.106 offset
0.011689 sec
# date
2017. 07. 22. (토) 20:07:15 KST
#
```

위 화면은 **kr.pool.ntp.org** 서버에 접근해서 시간을 설정한 결과다.

17.3 달력 보기(cal: calender)

```
NAME
        cal-      displays a calendar

SYNOPSIS
        cal       [options] [[[day] month] year]
```

cal 명령은 지정한 년도의 달력을 출력한다. 디폴트로 현재의 달력이 출력된다.

옵션	설명
-j	율리우스 달력을 출력
-y, --year	지정한 해의 1년 달력을 출력
-s, --sunday	일요일부터 출력
-m, --monday	월요일부터 출력
-w, --week	몇 번째 주인지 주 번호(week number)를 앞에 출력

다음은 cal 명령으로 현재 달력을 출력한 결과다.

```
$ cal
       7월 2017
일 월 화 수 목 금 토
                  1
 2  3  4  5  6  7  8
 9 10 11 12 13 14 15
16 17 18 19 20 21 22
23 24 25 26 27 28 29
30 31
```

다음은 cal 명령으로 궁금한 년도의 달력을 여러 가지 형식으로 출력한 결과다.

```
$ cal 7 2020
      7월 2020
일 월 화 수 목 금 토
          1  2  3  4
 5  6  7  8  9 10 11
12 13 14 15 16 17 18
19 20 21 22 23 24 25
26 27 28 29 30 31

$ cal -j 7 2020
        7월 2020
 일  월  화  수  목  금  토
            183 184 185 186
187 188 189 190 191 192 193
194 195 196 197 198 199 200
201 202 203 204 205 206 207
208 209 210 211 212 213

$ cal -w 7 2020
        7월 2020
   일 월 화 수 목 금 토
26          1  2  3  4
27  5  6  7  8  9 10 11
28 12 13 14 15 16 17 18
29 19 20 21 22 23 24 25
30 26 27 28 29 30 31
```

위 결과는 2020년 7월의 달력을 보통 형식, 율리우스 형식, 주 번호 출력 형식으로 출력
한 것이다.

CHAPTER 18

시스템 도메인 및
부팅 관리

18.1 호스트 및 도메인 이름 설정(hostname, domainname)

```
 NAME
 hostname          show or set the system's host name
 domainname        show or set the system's NIS/YP domain name
 dnsdomainname     show the system's DNS domain name
 nisdomainname     show or set system's NIS/YP domain name
 ypdomainname      show or set the system's NIS/YP domain name

 SYNOPSIS
 hostname          [-a¦--alias] [-d¦--domain] [-f¦--fqdn¦--long]
                   [-A¦--all-fqdns] [-i¦--ip-address]
                   [-I¦--all-ip-addresses] [-s¦--short] [-y¦--yp¦--nis]
 hostname          [-b¦--boot] [-F¦--file filename] [hostname]
 domainname        [nisdomain] [-F file]
 nisdomainname     [nisdomain] [-F file]
 ypdomainname      [nisdomain] [-F file]
 dnsdomainname
```

hostname 명령은 시스템의 호스트 이름을 출력하거나 설정하고, domainname 명령은 도메인 이름을 출력하거나 설정한다. 호스트 이름과 도메인 이름을 설정하기 위해서는 슈퍼유저인 root의 권한이 필요하다. 관련해서 시스템 파일 **'/etc/hosts', '/etc/hostname', '/etc/resolve.conf'** 등을 참조하기 바란다.

옵션	설명
-A, --all-fqdns	머신의 모든 FQDN(호스트이름+도메인이름)을 표시
-d, --domain	DNS 도메인 이름을 출력
-f, --fqdn, --long	머신의 FQDN(호스트이름+도메인이름)을 표시
-i, --ip-address	호스트의 IP 주소를 출력
-I, --all-ip-addresses	호스트의 모든 IP 주소를 출력

다음은 hostname과 domainname 명령을 실행한 결과다.

```
$ hostname linux
hostname: you must be root to change the host name

$ sudo su -
암호:
# hostname linux
# domainname anyang.ac.kr
# hostname
linux
# hostname -f
linux.anyang.ac.kr
# hostname -I
220.66.60.215 192.168.122.1
# hostname -i
220.66.60.215
# hostname -A
linux.anyang.ac.kr linux
# hostname -d
anyang.ac.kr
# domainname
anyang.ac.kr
# dnsdomainname
anyang.ac.kr
# nisdomainname
anyang.ac.kr
# ypdomainname
anyang.ac.kr
#
```

위 화면은 su 명령으로 root로 사용자 전환을 하고, 각각 명령을 실행해서 호스트 이름과
도메인 이름을 설정하고, 그 정보를 검색한 결과다.

18.2 시스템 운영 시간 보기(uptime)

```
NAME
        uptime-        Tell how long the system has been running

SYNOPSIS
        uptime
```

uptime 명령은 시스템이 부팅된 후 다운되지 않고 운영된 시간, 현재 사용자 수, 시스템 부하 평균(1분, 5분, 15분 단위)을 출력한다.

옵션	설명
-p, --pretty	운영시간을 알기 쉽게 출력
-s, --since	시스템 부팅된 시간, yyyy-mm-dd- HH:MM:SS 형식
-h, --help	도움말

다음은 uptime 명령으로 시스템 운영 시간 정보를 출력한 화면이다.

```
$ uptime
 11:18:52 up 8 days, 24 min,  3 users,  load average: 0.04, 0.03, 0.05
$ uptime -s
2017-07-11 10:54:37
$ uptime -p
up 1 week, 1 day, 24 minutes
$
```

위 화면을 보면 시스템은 부팅된 지 1주일 하루 24분됐고, 사용자가 3명이고, 시간 간격 당 시스템 부하 평균이 (0.04, 0.03, 0.05) 임을 알 수 있다.

18.3 시스템 셧다운 하기(shutdown)

```
NAME
       shutdown-           Halt, power-off or reboot the machine

SYNOPSIS
       shutdown  [OPTIONS...] [TIME] [WALL...]
```

shutdown 명령은 시스템을 종료할 때 사용한다. TIME 인자는 hh:mm 단위로 지정한다.

옵션	설명
-P, --poweroff	시스템을 파워 오프시킨다. 디폴트 값
-r, --reboot	종료 후 재부팅을 한다.
-H, --halt	시스템을 정지시킨다.
-c (cancel)	예약되어 있는 shutdown을 취소한다.
-k (kidding)	사용자들에게 메시지만 보낸다.

❶ 시스템을 10분 후에 중지시키려면 다음 명령을 입력한다.

```
# shutdown +10
```

❷ 지금 바로 시스템을 중지시키려면 다음 명령을 입력한다.

```
# shutdown now
```

❸ 직전에 실행시킨 shudown 명령을 취소하려면 다음 명령을 입력한다.

```
# shutdown -c
```

18.4 시스템 중지, 재부팅, 파워 오프(halt, reboot, poweroff)

```
NAME
      halt, reboot, poweroff -    Halt, power-off or reboot the machine

SYNOPSIS
      halt        [OPTIONS...]
      reboot      [OPTIONS...]
      poweroff    [OPTIONS...]
```

시스템을 중지하거나, 재부팅하거나, 파워오프시킬 때 사용한다. shutdown 명령과 비슷한 기능을 수행한다.

❶ 즉시 시스템을 중지시키려면 -f 옵션을 사용한다.

```
# halt -f
```

❷ 시스템을 재부팅시킬 때 다음 명령을 사용한다.

```
# reboot
```

❸ 시스템 파워를 오프시킬 때 다음 명령을 사용한다.

```
# poweroff
```

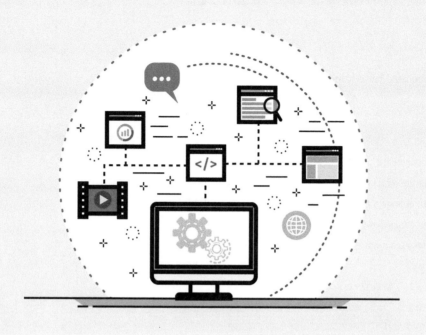

INDEX

운영체제에 대한 이해도를 높이는 리눅스 시스템 명령 실습

1판 1쇄 발행 2021년 01월 18일
1판 2쇄 발행 2022년 02월 25일
저   자 하은용
발 행 인 이범만
발 행 처 **21세기사** (제406-00015호)
경기도 파주시 산남로 72-16 (10882)
Tel. 031-942-7861 Fax. 031-942-7864
E-mail : 21cbook@naver.com
Home-page : www.21cbook.co.kr
ISBN 978-89-8468-903-9

정가 28,000원